国家语委2013年科研项目“西南地区户外广告语言使用现状调查与研究
——以四川省、重庆市为例”（课题编号YB125-78）资助

川渝地区户外广告语言使用现状调查与研究

王　浩　代晓冬　著

西南交通大学出版社
·成都·

图书在版编目（CIP）数据

川渝地区户外广告语言使用现状调查与研究 / 王浩，
代晓冬著. —成都：西南交通大学出版社，2017.9
ISBN 978-7-5643-5779-5

Ⅰ. ①川… Ⅱ. ①王… ②代… Ⅲ. ①广告学 – 语言
学 – 调查报告 – 四川②广告学 – 语言学 – 调查报告 – 重庆
Ⅳ. ①F713.80

中国版本图书馆 CIP 数据核字（2017）第 230284 号

川渝地区户外广告语言使用现状调查与研究

王 浩 代晓冬 著

责任编辑	张 波
封面设计	严春艳
出版发行	西南交通大学出版社 （四川省成都市二环路北一段 111 号 西南交通大学创新大厦 21 楼）
发行部电话	028-87600564 028-87600533
邮政编码	610031
网址	http://www.xnjdcbs.com
印刷	四川煤田地质制图印刷厂
成品尺寸	170 mm × 230 mm
印张	6.75
字数	122 千
版次	2017 年 9 月第 1 版
印次	2017 年 9 月第 1 次
书号	ISBN 978-7-5643-5779-5
定价	35.00 元

前　言

现代社会发展日新月异，科技进步迅速，各种广告媒介应运而生，并在经济和科技推动下得到了不同程度的发展。在这样的背景下，作为历史较为悠久的户外广告这一媒介，也得到了长足的发展。为了应对新信息时代的各种挑战，我们需要对户外广告的语言应用问题进行调查，以便更好地推进其发展。现以四川省的成都市、绵阳市、达州市、遂宁市和重庆市主城区为调查区域，进行实地考察，采集大量素材，研究其语言应用现状并提出改善语言应用的策略，以促进户外广告的健康发展。

我国广告语言的研究起步较晚，到了上世纪 90 年代广告语言的研究逐渐被广大学者所重视。比较早而且质量比较高的广告语言专著有曹志耘的《广告语言艺术》（1992）、林乐腾的《广告语言》（1992）、屈哨兵的《广告语言方略》（1997）和于根元的《广告语言教程》（1998）等。进入 21 世纪，广告语言的研究进一步深化和实用化，出现了一批对广告语言研究的理论和方法有进一步发展的著作，如赵宏的《广告言语艺术》（2004）、刘艳春的《电视广告语言——类型和创作》（2004）等。对户外广告从语言学的角度进行研究的文献很少，只有包月红的一篇硕士论文：《2007 年法国户外语言探究》（2008）。这篇论文从语言学的角度出发，从语音、词汇、句法以及修辞几方面对法国的户外广告语言进行了研究。其他对户外广告的研究几乎都是从城市规划、经济价值、文化价值、传播学、美术设计、广告学等角度进行的。如宗德新的《重庆市户外广告设置规划及管理问题研究》（2002），是从城市规划与环境的角度研究重庆市的户外广告；陈刚的《户外广告的核心价值》是从经济价值的角度来研究户外广告；卢成杰的《协调改善沟通——谈户外广告媒体的文化协调性》（1999）是从文化价值的角度来研究户外广告。

为了解以四川、重庆为代表的西南地区户外广告语言使用现状，以四川理工学院代晓冬教授为组长的“西南地区户外广告语言使用现状调查与研究——以四川省、重庆市为例”课题组，自承接项目以来，选取了四川省的成都市、绵阳市、达州市、遂宁市和重庆市主城区为抽样调查对象，分别从大城市、中等城市、小城市三个层面，收集了大量的户外广告语言的素材，其中成都市和重庆市主城区是大城市的代表，绵阳市、达州市是中等城市的代表，遂宁市是小城市的代表。经过分析研究，找到了一些共性，也发现了各自的一些个性，得出了一些初步结论。本研究的对象既包括户外存在的一般广告载体，也包括了商家店名等具有广告宣传意义的商标载体。主要通过分析四川省和重庆市户外广告语言使用中存在的问题，来反映四川省内主要市州及重庆主城区的广告语言发展状况，进而针对这一状况总结出户外广告中语言使用应该遵循的原则，为语言规划管理部门制定相关的政策提供建议，从而达到提升川渝地区各城市乃至西南地区广告语言水平的意义。

在调研的过程中，课题组组长代晓冬教授亲自组织安排了整个调研计划，并且承担了调研任务和文章写作任务的统筹工作，对于整个课题的开展，起到了指方向、鼓士气的巨大作用，保证了课题按计划顺利完成。整个调研的过程还要感谢四川理工学院人文学院的欧阳俊杰副教授和我校汉语言文学专业 2012 级本科学生王迪，2013 级本科学生杨建鑫、廖发文、周盼、秦莹等同学的辛勤劳动，他们冒着严寒酷暑，前往川渝地区的几个主要城市调研，收集回了 2 000 多条户外广告的材料，并且经过他们的精心分析、梳理，才有了今天的成果，我们的课题顺利推进，离不开他们的努力。可以说，这部书的出版，是集体智慧的结晶。

本书在写作过程中，虽材料准备时间较长，但成书时间较为仓促，而且课题组在广告语言的研究方面经验尚浅，故疏漏在所难免，希望各位同仁及时指正，以免贻笑大方。

王　浩

2017 年 7 月

目　录

第一章　四川成都地区户外广告语言使用现状

成都市位于四川省中部，四川盆地西部，介于东经 102° 54′ ~ 104° 53′ 和北纬 30° 05′ ~ 31° 26′ 之间，全市东西长 192 km，南北宽 166 km，总面积 12 121 km^2，其中耕地面积 43 万 hm^2。东北与德阳市、东南与资阳市毗邻，南面与眉山市相连，西南与雅安市、西北与阿坝藏族羌族自治州接壤。距东海 1 600 km，南海 1 090 km，属内陆地区。

成都是一座有 2 300 多年悠久历史的古城，是中国十大古都之一，是国务院首批公布的 24 个历史文化名城之一。公元前 4 世纪，古蜀国王开明九世于“广都樊乡”（今双流境）“徙治成都”，以“周太王从梁止岐，一年成邑，二年成都”，故名成都，相沿至今。公元前 311 年，秦人按咸阳建制兴筑成都城垣。当时城周 12 里，高 7 丈。成都城市在这一年正式建立。公元前 256 年，蜀郡太守李冰父子率岷江两岸人民兴建的都江堰水利工程，2 000 多年来一直浇灌着成都平原。由此，成都水旱从人，土地肥沃，气候温和，物产丰富，故世称“天府”。西汉时期，成都织锦业驰名天下，当时，在城西南设立了锦官，专管织锦，并筑有锦官城，故成都又有“锦官城”“锦城”之称。五代后蜀主孟昶时，在城墙上遍种芙蓉，故成都还有“芙蓉城”“蓉城”之称。在历史上，成都又是一座水网密布、江桥众多、树木葱茏、繁花似锦的“花城”。19 世纪法国旅行家古德尔孟曾赞叹成都是“东方的巴黎”。

2 000 多年来，成都一直是祖国西南地区的政治、经济、军事重镇，具有重要战略地位。秦、汉、晋、隋皆因得蜀而统一天下。西汉公孙述、三国刘备、西晋李雄、东晋李寿、五代前蜀王建、后蜀孟知祥等封建王朝均建都成都。成都又一直是各朝代的州、郡、县治所，元、明、清为四川省治所。民国初年，成都是四川省省会。1949 年 12 月 27 日，成都解放，为川西行政公署驻地。1952 年恢复四川省建制，成都为四川省省会至今。①

①成都市人民政府网站 http://www.chengdu.gov.cn/chengdu/rscd/lswh.shtml

一、成都地区户外广告分类

在对成都地区户外广告的实地考察中，课题组一共收集了200条户外广告。不同类别的广告在其语言特点、创作手法等方面有不同表现。广告一般分为两个大类：公益广告和商业广告。公益广告的目的在于传达某种理念，希望借此来更好地传播该理念，使得更多的受众能够受到影响。因此，这类广告读起来都朗朗上口，语言朴实、平淡，并且具有强烈的情感。对于商业广告来说，其侧重点与公益广告有很大不同，因为其目的在于介绍推荐商品或服务。因此，从广告的内容来说，会追求新奇、特别和醒目，希望受众过目不忘。这类广告通常会从听觉效果、视觉冲击的方面来进行设计，将商品或服务加在广告语里面，或者是将商品或服务的功能或效果加进去，来制造强烈的视觉、感觉效果。

在这两大类的基础上，广告又可以分为小类。公益广告大概分为：公共交通、市容市貌、文明创建、政策法规、廉政公益；商业广告分为：店铺企业广告、楼盘广告、品牌推广广告、食品广告、医疗广告、娱乐广告。

（一）公益广告

公益广告是户外广告的重要组成部分，但是从我们抽样调查的结果来看，其数量远不及商业广告，当然，这源于商品经济的发展。在成都市区，我们共收集到43条公益广告，占收集总数近20%，分类见表1–1。

表1–1　成都市区公益广告类别与数量统计

分类名称	数量统计
公共交通	3
市容市貌	2
文明创建	23
政策法规	10
廉政公益	5

（二）商业广告

作为户外广告的主力军，商业广告涉及多个方面，在成都市区，我们收集到有效的商业广告 158 条，具体分类见表 1–2。

表 1–2 成都市区商业广告分类与数量统计

分类名称	数量统计
企业店铺广告	44
楼盘广告	19
品牌推广广告	27
食品广告	19
医疗广告	25
生活娱乐	24

户外广告数量庞大，内容形式多样，绝不限于以上几类，这里只是初步的分类，目的是为了帮助我们根据每条广告的实际目的来进行分析，有效把握每条户外广告的使用情况，有助于我们对成都市区户外广告进行研究了解，从而促进户外广告语言应用的规范，推进户外广告的发展。

二、成都地区户外广告语言基本状况研究分析

对户外广告进行分析研究，有多种方法、角度。在这里我们主要是从语言学的角度来对户外广告进行分析，具体从音律、节奏、叠音、谐音、字形等方面做详细研究。

（一）音律的和谐

众所周知，诗歌读起来总是朗朗上口，这是源自于诗歌语言在音律上的和谐。在户外广告中，广告语想要达到使受众感觉舒适、读起来上口不费劲，那么在音律上下工夫，绝对是最佳的方式。虽然户外广告没有参与发音，但是语言中呈现出音律和谐的美感，势必给人以享受，表达效果自然得以大大增强。在发挥音律的艺术中又可以细分为：押韵、节奏、叠音、谐音等方面。

1. 押韵

汉语的语音由声、韵、调三个部分构成。这三个部分既相互独立，又能灵活配合，构成一个不可分割的主体。

押韵是针对汉语音节的韵母而言的，上下句的末尾音节选择使用相同或相近的韵母（介音和声调可以不同）即为押韵。户外广告中的语言适当押韵，不仅能让受众读起来感受到广告语里流动的韵味感，而且也能让受众对户外广告的记忆获得最佳效果。示例：

【1】**巨星云集，巅峰得意。**

说明：句中停顿，“集”“意”韵母相同，押 i 韵。

【2】**别嫉妒，只是吸引力过度**

说明：句中停顿，“妒”“度”韵母相同，押 u 韵。

【3】**文明城市，尊德守礼。**

说明：句内停顿，“市”“礼”韵母相同，押 i 韵。

【4】**疯狂盛夏，冰点低价**

说明：句内停顿，“夏”“价”韵母相同，押 ia 韵。

小结：通过对具体实例的分析，我们发现，如果广告语采用押韵的方式进行设计，受众读起来，就会更加朗朗上口。从生理上来说，更容易记住这句广告语；从心理上也是一种读诗一般的体验，极大地增强受众对广告语背后产品或广告语想要传达的某种理念的好感。

2. 节奏

户外广告中的语言既然具有一种音乐的美，那节奏必然是户外广告语音上表现出来的特点之一。节奏是汉语音律和谐的一种表现形式。

节奏的单位是音步。广告语中通过朗读的停顿将一个语言片段分成若干部分，这些部分就构成了音步。在对成都户外广告语言的调查中，很多广告语都体现出节奏明快、朗朗上口的特点。下面我们从不同音节的组合形式来进行分析：

三音节：

【1】1 + 2 式：**看男科，到九龙**（成都九龙医院）

【2】1 + 2 式：**西三环 · 府河岸 · 岛心墅**（地产广告）

说明：三音节广告语中，几乎都是以 1+2 形式为主，这种形式的广告语简洁明了，表意清晰。

四音节：

【1】2＋2 式：**文明城市，共建共享。**（政府建设）

【2】2＋2 式：**艰苦磨砺、勤思创新、执着追求**（戴氏教育）

说明：四音节广告语中，以 2+2 形式居多，此类组合的广告语多为四字词语或成语，节奏富有美感，容易让人接受和记忆，也更具有说服力。

五音节：

【1】2＋3 式：**战时靠得住、急时用得上、平时能服务**（政府宣传）

【2】2＋1＋2 式：**百行德为先，万事发为先**（社会宣传）

【3】1＋2＋2 式：**买城市叠拼，送原湾华宅**（地产广告）

说明：这类广告组合形式较为多样，五音节广告语也具有古诗词五言绝句、五言律诗的形式美感，读起来朗朗上口。

六音节：

【1】2＋2＋2 式：**拥抱绿色超人，享受健康家电**（超人家电）

【2】2＋2＋2 式：**北改新城巨变，销冠地位不变**（地产广告）

七音节：

【1】2＋2＋3 式：**成都建设心连心，美化家园手拉手**（城市文明创建）

小结：三音节、四音节广告语，其语言片段短，节奏快，读起来铿锵有力，节奏感十分强烈，典型例子如我国流传甚广的蒙学读物《三字经》。而五音节到七音节，音步与音步之间的组合形式多样，富有韵律，使得广告语和谐动听。一定时间内音步的重复组合也使得广告语更为流畅，极具感染力。

3. 叠音

叠音是指将两个相同的音节叠加在一起，构成重叠的形式，以增加语言的韵律感，并有助于流露特定情感的语言手段。

成都户外广告语中也有运用叠音来增强广告语的音响效果，并使广告语达到优美的音乐效果的例子。

【1】**治理城乡环境，人人参与，人人有责。**（城乡环境治理公益广告）

【2】**传承幸福·生生不息**（金铺广告）

说明：无论是公益广告还是商业广告，叠词的使用，总是将简单的广告语植入人心，无论是读起来还是听起来，都能感受到其中独特的音乐美感，这样也使得这种形式的户外广告更多了一分打动人的东西。

4. 谐音

谐音是指一个词或一句话中，用一个语音相同或相近的语素或词语代替原词，以求增强广告的熟识度，甚至达到一语双关效果的表现形式。谐音不仅可以让广告语读起来更加顺畅上口，而且通过谐音的方法，还能降低广告语中信息的陌生度，使广告达到更好的效果。

【1】**成都曙光医院：专解男题**（医院广告）

说明：这是一则男科医院的户外广告，广告语中，“男”和“难”谐音。看似简单的四个字，但是却十分奇妙，不管是难题还是男题，这家医院均可排解，彰显医院医生的高明。专门解决困扰男性的难题，易被有难题的男性接受。

【2】**唱饮加多宝，直通中国好声音**（某饮料广告）

说明：这则广告中，“唱”和“畅”谐音，用“唱”来代替“畅”是因为该饮料所冠名的一个歌唱类比赛节目受到极大的关注，这里再用谐音的方式，将这一广告效果在户外广告中放大，十分巧妙，将产品的名气最大化。

【3】**新商务，智成一格**（某商务汽车广告）

说明：广告中“智”和“自”谐音，虽然一个翘舌一个平舌，但在成都方言中平翘舌发音相同，都发平舌音，所以这里用“智”替代“自”，完美地将这款汽车的特点“智能”体现在这则户外广告中，短短七个字，一字之差，效果顿增。

小结：谐音的使用，在户外广告中，可以说是构思最为巧妙的，设计人巧妙地将产品属性、产品特点融会贯通，让人在耳目一新之余可以更好地了解商品，这样不仅仅提高了商品的知名度，更是方便了消费者了解商品。

（二）词语的选择和搭配

户外广告较其他类型的广告在语言上的要求更高。户外广告一般比较简短，言简意赅。所以，创作上就要求能够以尽可能简短的语言传达尽可能丰富的内容，要求语言必须在精练的基础上更多地传递信息。于是，词语的选择和搭配在这种高效传递信息的语言片段中就显得尤为重要了。

1. 词语的选择

（1）选择音节长度较短的词语

选择音节较短的词语，读起来更有节奏感，词句的气势也更强，对广告语的效果有增强的作用。

【1】**廉洁成都　你我同行**

【2】**购优惠　够快乐**

说明：这两则广告，分属公益广告、商业广告，但是短音节词组的选用，使得广告语在宣传方面的效果增强，其表达功效可见一斑。这样的短音节词语词组，让人更容易记住，不需要驻足默诵，而只需一眼便可知晓内容。

【1】**年轻着、幸福着的你们怎么能缺少我们的陪伴?**

【2】**优先发展城市公共交通，推动城市缓堵保畅**

说明：分属商业广告和公益广告，但是长音节广告语的使用，使得这两则广告的宣传效果大打折扣。试想行走于街边巷中的人，一抬头、一望眼的时间，很难接收如此多的信息。

（2）相同词语的重复出现

同一词语重复地在一则广告语中出现是很常见的现象，户外广告语中尤其如此。户外广告语中选择恰当的词语是广告语言成功的关键。

【1】**兔不同，味不同**（某食品广告）

【2】**照顾生意，照顾家**（地产广告）

说明：这两则都是比较简单普通的广告语，但是重复使用某个词语，则有出乎意料的作用。第一句连用两个不同，旨在说明产品口味多样，有助于产品特点的表达。第二句连用两个照顾，十分契合购房的意图，照顾工作、生意，当然还有家庭。这样的重复，重在强调广告要宣传的产品主要特点或者作用。

2. 词语的搭配

这里说的词语的搭配实际说的是词语的超常搭配。在汉语里，词与词的组合不是任意的，必须要符合某种规则。这个规则就是词语组合成词组时既要符合语法的规则，也要符合语义搭配上的现实可能性。在广告语言中词语的搭配却经常打破这些规则，结果不仅没有影响理解、产生歧义，反而达到了意想不到的奇妙效果。

（1）语法的超常搭配

① 谐音替换

如：**纤饮享瘦，果然好滋味**

说明："瘦"与"受"谐音，这里用瘦替换受，享瘦即享受。喝了这个纤维水果的饮料，在享受美味的同时享受变瘦。这里的谐音替换，恰到好处。

② 语序调换

如：**礼享 4G，快乐 ELIFE**

说明：礼享 4G 正确语序应该是享 4G 礼，但是为了与下一句搭配协调，则将宾语后置。特殊的句式使得这则广告语显得整齐划一，有美感。

（2）语义上的超常搭配

在广告语言中，词与词的搭配可能是合乎语法规则的，但它们的组合在语义上却说不通，这就是语义上的超常搭配。词语之间在语义上的超常搭配尽管脱离实际，但却常常能达到言有尽而意无穷的表达效果。

如：**火辣的成都，炽热的心**

说明：火辣为形容词，虽然在语法搭配上没有问题，但是在词义角度上，用火辣来形容一座城市却不太合常理，这里为了迎合下句"炽热的心"，加之成都人爱吃辣，所以超常搭配，意在说明成都人民乐于助人，赤子之心，炽热火辣，像吃了辣椒一样。

（三）句式的选择

1．多用整句，少用散句

整句指结构相同或相似、形式整齐的一组句子；相反，形式不整齐、结构不相似，各式各样的句子交错运用的一组句子叫散句。

户外广告语言中对整句和散句有不同的运用。但就使用的频率来看，整句在成都户外广告语中的使用次数要远远超过散句。这从户外广告语言较强的韵律感上也可以体现出来，因为一般形式整齐、句子结构相似的整句的节奏较为明快，声音也很和谐。

【1】实现中国梦，创造全体人民更加美好生活。

说明：这则政府公益广告，在句式选择上就是散句。读起来稍显啰唆冗杂，并不具有艺术性以及美感，生涩，不容易让人细心品读，感受其内涵。

【2】**文明城市，共建共享**

说明：同样是政府建设公益广告，由于选择句式上采用整句，这则广告读起来朗朗上口，更具美感，简短的八个字，将政府建设的核心思想表达清晰。受众更易接受且印象更深。

2. 多用口语句式，少用书面语形式

广告语言选用口语句式能更贴近受众的语言习惯，拉近与受众之间的距离。受众在接受这种口语化的语言时也能舒服地获得广告展示出来的所有信息，不需任何的思考时间。广告中口语化的语言就好像是与受众的互动和交流，一切都显得那么亲切、自然。

【1】**球赛完了，基友跑了**

说明：某房地产广告，广告语中的基友，完全是口语的典型代表，也是当红网络热词之一。这样运用使得广告不那么生涩呆板，反而多了些趣味与调侃，在轻松之余，让消费者了解该地产的优点所在。虽然没有书面语正式，但是更多了俏皮可爱。

【2】**超值还有选**（某快餐广告）

说明：该句广告词语，十分口语化，超值、超划算这些我们平常购物随时交谈使用的词语，简单直接，对于吃货来说，简单直接，直奔主题——超值划算，还能自由选择。

（四）辞格的使用

辞格在成都户外公益广告和商业广告的语言中均有运用。户外广告语言中运用辞格能提高广告语言的水平，增强广告语言的生动性和形象性，使广告语言更具吸引力，不仅可知而且可感，将广告要表达的内容鲜明地呈现在受众面前，给受众留下深刻的印象。

在对成都户外广告的研究中，其语言主要有以下几种辞格的运用：

1. 排比

户外广告语对排比的运用都不约而同地选择了短语排比的形式。因为相对于媒体广告等其他形式的广告而言，户外广告对语言的简洁度和意义的集中度都有更高的要求。运用短语排比的形式可以增强户外广告语言的节奏感和流畅性，达到句式整齐、内容集中、条理清楚、气势恢宏的表达效果。

如：**战时靠得住、急时用得上、平时能服务**

2. 对偶

对偶是成都户外广告语言中使用最多的辞格，在公益广告和商业广告中都有着丰富的运用。由于对偶在结构上相同或相似，运用了对偶的广告语读起来音节匀称、节奏明快、朗朗上口，句式上也是整齐划一、铿锵有力。从表意上来看，运用了对偶的广告语意义清晰明确、上下相协，前后意义的照应使广告语言紧凑饱满。

【1】**绳子断在细处，火灾出在疏忽**

【2】**一山一世界，一幽尽天下**

【3】**节约一方水，关爱一方人**

说明：这三句户外广告，都严格运用了工整的对偶。第一句是防火宣传公益广告，文学性虽然不算太高，但是合理地表达防患于微的道理。第二句商业广告则极具文学性，广告语十分文艺，不仅可以陶冶情操，更能彰显企业文化，一举两得。第三句是节水公益广告，以简约的词语，表达了节水的重要性。

3. 通感

通感修辞格又叫“移觉”，就是在描述客观事物时，用形象的语言使感觉转移，将人的听觉、视觉、嗅觉、味觉、触觉等不同感觉互相沟通、交错，彼此挪移转换，将本来表示甲感觉的词语移用来表示乙感觉，使意象更为活泼、新奇的一种修辞格。

【1】**夏日穿上香水，身上何须外衣。**

说明：香水不能被穿在身上，这里运用通感的辞格，将涂抹于身上的香水穿在身上，如同衣裳，这样做的目的在于突出该品牌香水的香味浓烈持久。

【2】**倾听你的眼睛**

说明：眼睛无法被倾听，这是一个眼镜的广告，这样运用的目的在于凸显眼镜的功效，仿佛能使眼睛说话。构思巧妙。

三、成都地区户外广告存在的问题

通过上述分析，我们基本可以看到，从语言学的角度来讲，成都地区的户外广告语言发展总体良好，但是通过我们街头收集和后期的分析研究，发现成都地区的户外广告语言使用仍旧存在问题，经过认真的梳理、总结，有以下问题：滥用谐音、字体混乱、繁简混用、语言繁琐、原创不足等。

（一）滥用谐音

如：**仙湖公馆，机惠来了！**

说明：这句户外广告中，“惠”与“会”谐音，这种运用，在表面上看来是奇思妙用，但是我们在实际的走访中，发现这种现象在小孩子中造成了不良影响，形成误导。因此在这类运用谐音的广告中，应该使用双引号进行标注，或者括号加以解释，形成良好的语言习惯。

（二）字体混乱

如：**源於山，纳於心**

说明：这句户外广告中使用了“于”的繁体字“於”，这种情况会对文化程度不高的受众造成一定困难，无法理解是什么字什么意思，在国家推进简体字的规范与使用中，户外公共场所的户外广告更应该一马当先，使用简体字，而不应该故作高雅，繁简混用。

（三）语言冗杂

【1】**无处不在享受充满惊喜的乐趣**

【2】**我们深谙品牌与消费者之间如何相处有道**

说明：这两句广告皆属于一家广告公司，从广告宣传的角度来讲，这两句广告语的内容很好，但是从语言简练上来说，这两句广告语则显得冗杂了些。在快节奏的都市中，一则好的广告应该可以在受众抬头的三秒之内留下一个好的甚至深刻的印象，而此类广告却因为音节过长、语言冗长，让人失去耐心，导致精彩的内容徒劳无功。

（四）原创不足

如：**我们搬运的，不是地表水。**

说明：这句户外广告语所宣传的商品是近年来新兴的饮用水企业某产品。从内容来看，与已经在中国饮用水市场上活跃多年的某品牌如出一辙“我们不生产水，我们只是大自然的搬运工”，从这个角度来看虽然与语言学联系不大，但这也透露出户外广告所存在的另一大问题。

四、成都地区户外广告语言的优化及对策

（一）加强户外广告语言文字管理的规范化

目前部分地区户外广告投放仍旧存在水平低、不规范和效果差的特点，这需要我们博采众长，吸收发达地区和国外先进的经验，发挥政府对户外广告语言文字管理的领导作用，科学制定与深化改革行业规范条例，沟通政府与户外广告商的政策交流和反馈。政策性的因素与政策的调整对于户外广告商有重要影响，但是目前双方在信息汲取与意见反馈上却有着严重的矛盾，如果能建立起相应的沟通平台，让政府的新政策和政策的变化能够及时地传递给户外广告经营者，也让户外广告经营者能及时反馈相应的问题，这样才能实现行业的健康快速发展。

（二）发挥户外广告投放主体自身的能动性

建立一个“水准高、专业性强、共享信息、良好竞争”的户外广告组织或协会，通过这个组织建立一个良好的行业秩序，深化对户外广告的理论研究，制定先进的管理办法，规范行业优秀人才引进机制，参与管理部门对户外广告相关政策的制定，提升户外广告商的服务质量。公平竞争，实现共赢。

（三）加强户外广告语言设计的针对性

首先，顺应时代的潮流，在新媒体迅猛发展的今天，让户外广告成为线上媒体和线下媒体的交织点，如通过微信二维码、网站网址等形式从线下往线上导入流量，再从线上的虚拟预览向线下的实体服务引导，融会贯通，扩大影响力。其次，通过对广告投放客体根本特征的研究调查，了解大众的口味与心态，让户外广告更为人民群众所喜闻乐见、更贴近生活。最后，鼓励创新，不拘一格。通过音律的和谐、词语的选择与搭配、句式的选择与辞格的科学运用，提升户外广告的专业水准，雅俗共赏，实现艺术与商业的完美结合。

第二章　四川绵阳地区户外广告语言使用现状

绵阳古称“涪县”“绵州”，后因城址位于绵山之南而得名“绵阳”。辖区面积 2.02 万 km^2，总人口 545 万，辖 5 县 3 区 1 市，代管四川省政府科学城办事处。城市建成区面积 139.1 km^2，城区常住人口 132.8 万。绵阳是诗仙李白的出生地，中国唯一的科技城，四川第二大城市，国家系统推进全面创新改革试验先行先试区域，全国首批“三网融合”试点市、全国首批“促进科技和金融结合”试点地区、国家产城融合示范区、国家产融合作试点市、国家智慧城市试点市、国家信息消费试点市、国家新型城镇化综合试点市。2016 年，全市实现地区生产总值 1 830.4 亿元、增长 8.3%，规模以上工业增加值增长 9.9%，社会消费品零售总额 988.5 亿元，增长 12.4%，实现服务业增加值 654.1 亿元，增长 9.5%，完成全社会固定资产投资 1 270 亿元，增长 10%，地方一般公共预算收入 107.6 亿元，同口径增长 8%，城乡居民人均可支配收入 29 407 元、13 504 元，分别增长 8.2%、9.3%。

公元前 201 年汉置涪县始，历来为郡县、州府治所。这里是我国早期人类活动地区之一，边堆山遗址出土有 4 500 年前新石器时代的石器和陶器；是黄帝元妃——丝绸之母嫘祖的故乡，治水英雄及夏王朝的缔造者大禹的诞生地；是我国中医针灸发源地之一，双包山汉墓出土的经脉漆木俑是现今发现的世界最早的人体经脉模型。古往今来，这块土地孕育了李白、欧阳修、文同、李调元、沙汀、冯达仕等无数杰出人物，司马相如、扬雄、蒋琬、宋哲元及杜甫、王勃、杨炯、卢照邻等均在此留有重要遗迹或作品，“两弹元勋”邓稼先、“氢弹之父”于敏曾在此工作多年。

绵阳是四川历史文化名城，大九寨国际旅游环线和三国蜀道文化国际旅游线上的主要节点，拥有“北川羌城旅游区”国家级 5A 景区，药王谷、九皇山、七曲山大庙、报恩寺、窦圌山等 13 个国家级 4A 景区。嫘祖文化、大禹文化、三国蜀汉文化、李白文化、文昌文化等历史传统文化底蕴深厚，羌族文化、白马藏族文化等民族文化特色鲜明，两弹城、亚洲最大风洞群蕴含的国防科技文化独具魅力，抗震救灾和灾后重建铸就的感恩奋进文化感天动地，文昌庙会、睢水踩桥等大众文化活动源远流长。有以李白故里、翠云廊、富乐山、越王楼为代表的历史文化景区，以北川老县城遗址、“5·12”汶川特大地震纪念馆、北川新县城为代表的“三基地一窗口”示范区，以王朗国家级自然保护区、涪江六峡、小寨子沟为代表的自然生态景区，以仙海湖、罗浮山温泉为代表的休闲度假景区，以花城果乡、香草园为代表的乡村旅游景区，以跃进路 1958、芙蓉汉城、新北川“巴拿恰”为代表的特色街区。

绵阳市经济发达，增长迅猛；文化繁荣，是多位历史名人的出生地，并且拥有相当多的风景名胜；区位独特，交通便利，交通路线四通八达。环视整个四川省，绵阳都有其独特的调查价值。①

一、绵阳地区调查经过

课题组于 2016 年 5 月前往绵阳市进行户外广告语言的调查，通过比对，笔者选择了涪城区、游仙区、高新区这三个区域为样本代表绵阳市的户外广告语言文字发展状况。调查的主要区域为中心商业区，同时也兼顾城市边际的一些区域，争取从经济发展程度、地理方位两个维度对绵阳市的户外广告语言进行综合调查。通过相机拍摄，共收集了 254 条户外广告语言，筛去重复的照片和模糊不清难以辨别内容的图片，共余下 194 张有效户外广告语言。然后，将户外广告按公益和商业分为两大类，具体研究成果如下。

二、绵阳地区户外广告的分类

不同类别的广告在创作的思路、目的及预期达到的效果方面都有很大的不同。公益广告旨在为公众传递某种积极的生活方式或者思想观念，往往没有过多的词语堆叠和辞格运用，只需要公众接收到某种观念即可。而商业广告则是为了宣传某种商业元素或者商业产品的功能或者特点，往往通过运用词语的搭配、辞格的使用与谐音，让公众能牢记产品的特质或卖点，从而达到商业价值的转化。

户外广告涉及的范围非常广泛，从不同的角度可以得到不同的分类方法。我们对绵阳的户外广告在整体把握的基础上进行大致地分类。从调查得到的 192 条户外广告可以大致分为两大类：公益广告和商业广告。公益广告和商业广告又可以进行再分类。

---

① 绵阳市人民政府网 http://www.my.gov.cn/MYGOV/144680337052532736/index.html

（一）公益广告

公益广告是户外广告的重要组成部分，但是公益广告的数量却少于商业广告。在绵阳户外广告语言调查研究中，公益广告占 56 条，占所搜集到的广告总量的 29%。

虽然公益广告的数量较少，但是公益广告却是城市公共文化的重要组成部分，并扮演着公众文明道德宣传者的角色。随着经济的腾飞、城市的建设和文化的昌明，公益广告变成了城市建设和公众生活中必不可少的一部分，并且在创作的水平、质量和语言的优美和谐与内涵上不断向前发展。如绵阳城市交通干道围栏上赫然悬挂了这样一条公益广告：宁绕百步远，不冒一步险。使用音律的和谐和数字的反差对比让公众能够记住遵守交通规则保障自身安全的重要性。在对绵阳市 56 条户外公益广告进行归纳与整理后，可以将其分为 4 类，分类名称和数量统计如图 2-1 所示。

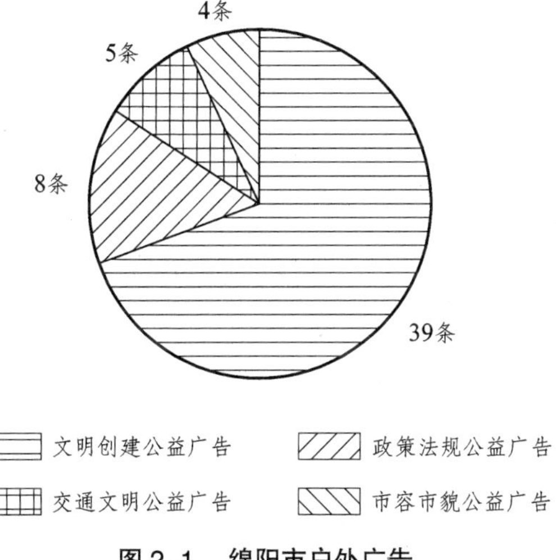

图 2-1　绵阳市户外广告

（二）商业广告

与公益广告相比，商业广告在数量上占有优势。在绵阳户外广告的调查中，商业广告共 136 条，占所搜集到的户外广告总量的 71%。

商业利益的驱动是商业广告在广告数量上占优的主要原因。随着市场经济和传播媒介的发展，商业广告在对产品的功能、价值和特点的宣传上起着越来越大的作用，企业和商家也越来越明白商业广告在商业活动过程中的重要性，于是各式各样的商业广告便接踵而至，遍布城市的各个角落，充斥着公众的眼球。但是，在商业广告繁荣发展的同时，广告内容与水平参差不齐的弊病也渐渐暴露出来，特别是广告的语言存在着较大的问题，我们需要尽快提出解决方案，以提升户外广告的整体水平。

户外广告的情况也是如此，企业和商家由于看中了户外广告具有宣传范围大、受众多的特点，纷纷将户外广告作为广告投放的重要部分。但是在追求广告的商业价值和宣传价值以外，商家也应该重视广告语言的应用和广告内容的涵养。总之，户外商业广告只有在重视自身作为商业广告的宣传功能后，同时看重其对于公众的文化熏陶作用与价值导向作用，才算是成功的商业广告，户外广告的整体质量水平才能够得到提升。

在对绵阳市共计 136 条户外商业广告进行归纳与整理后，可以将其分为 4 类，分类名称和数量统计如图 2–2 所示。

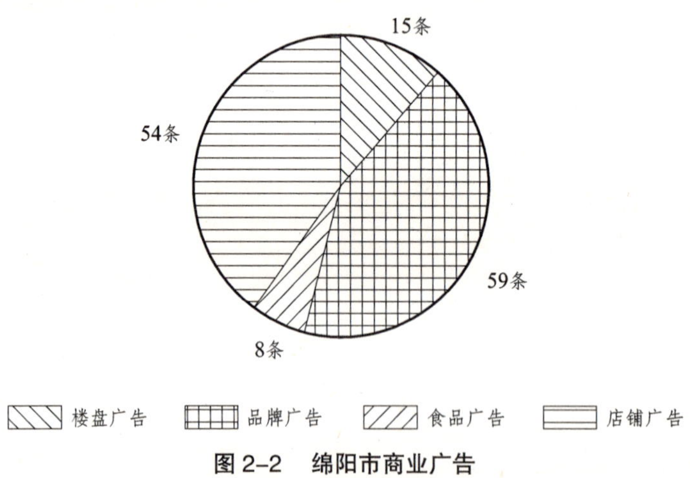

图 2–2　绵阳市商业广告

在这四类户外商业广告中，企业广告投放的范围并不仅仅局限于绵阳地区，甚至在全国范围都有，因为全国连锁的大型企业为了传递品牌文化和深化公众对于本品牌的印象，需要在全国各地平均地投放商业广告，如：长虹电视，扔掉遥控器，给你自由。“扔掉遥控器”体现了长虹电视新推出的智能电视机的特点，让人印象深刻。但是，楼盘广告、食品广告与店铺广告往往是绵阳地区独有的，这些广告的本地化倾向更高，目的性更强。比如：城南新天地，买住房不如新天地买商铺。城南新天地的商业广告就要更加朴实。

广告的涉及面是非常广泛的，这里商业广告和公益广告分出的类别还能细分出更多小的类别，但是这并不是本书讨论的重点，只需要大概宏观地了解绵阳户外广告的全貌即可。

三、绵阳地区户外广告艺术创作手法

（一）音律的和谐

1. 押韵

汉语的语音由声、韵、调三个部分构成。这三个部分既相互独立，又能灵活配合，构成不可分割的一部分。押韵是针对汉语音节的韵母而言的，上下句的末尾音节选择使用相同或相近的韵母（介音和声调可以不同）即为押韵。户外广告中的语言适当押韵，不但能让受众读起来感受到广告语里独特的韵律，而且也能让受众对户外广告有很强的记忆。

【1】**宁绕百步远　不冒一步险**（交通法规广告）

说明：句中停顿，“远”“险”韵母相同，押 an 韵。

【2】**寻找最美儿童，天使在行动。**（启明星房产广告）

说明：句中停顿，“童”“动”韵母相同，押 ong 韵。

【3】**家在公园边，千亩公园山水间。**（城南公园度假区广告）

说明：句中停顿，“边”“间”韵母相同，押 an 韵。

2. 节奏

户外广告中的语言既然具有一种音乐的美，那节奏感就一定是户外广告语音上表现出来的特点之一。节奏是汉语音律和谐的一种表现形式。广告语中通过朗读的停顿将一个语言片段分成若干部分，这些部分就构成了音步。在对绵阳户外广告语言的调查中，很多广告语都体现出朗朗上口的音律节奏特点。

（1）三音节

【1】**讲文明　树新风**

【2】**平常心　竹叶青**（竹叶青茶广告）

（2）四音节

【1】**德高福大　吉庆有馀**（公益广告）

【2】**种瓜得瓜　善有善报**（公益广告）

【3】勤善在手　福寿在身（公益广告）

（3）五音节

【1】汇聚正能量　同筑中国梦（公益广告）

【2】种地多辛苦　节粮理应多（公益广告）

【3】代代都种树　绿化我河山（公益广告）

（4）七音节

遵纪守法讲文明　看好房门帮友邻　管好家人斗坏人　巡逻守护保安宁

说明：三音节或四音节的广告语，由于语音片段短，本身读来就铿锵有力。它们又有间于单个短句中的朗读停顿，使得广告语在有力当中又带有一丝萦绕于心的韵味。五音节广告语音节相对较长，在音步与音步的自然组合间，广告语显得和谐动人。一定时间内音步的重复组合也使得广告语的流畅感更为突出，给受众很强的感染力。

3. 叠音

叠音是指将两个相同的音节叠加在一起来增加语言的韵律感的语言手段。绵阳户外广告语中也有运用叠音来增强广告语的音响效果的例子，并且这些叠音的使用也让广告语的韵律更加优美。

【1】人生美好　步步小心

说明：这是一则公益广告，"步步"处重叠，这样更容易打动人心。人生是如此的美好，我们有相伴的朋友，倾心的恋人，温暖的家人，所以我们更要保护好我们自己的生命，遵守交通规则，每一步都要小心翼翼地走。而且"步步"一词重叠在上下句对称的位置上，不仅在语音上增强了乐感效果，在意义上也表达出了遵守交通规则对每一个公民的重要性。这就使这则公益广告更有说服力。

【2】传承幸福　生生不息

说明：这是一则金铺广告，"生生不息"凸显出了幸福的代代相传、永存世间，将金铺销售和生活中的幸福连接在一起，更能激起消费者的购买欲。

（二）词语的选择和搭配

户外广告相对于其他的广告在语言上要更加简短，因为户外广告的受众虽然基数大，但是对于广告的浏览时间却要更短，所以，户外广告的创作原则中必须有言简意赅这一项。用尽可能简短的语言表达尽可能多的信息是户外广告创作的出发点之一。

1. 选择音节长度短的词语

选择使用音节较短的广告语，使得广告语的气势更强，更便于记忆。

【1】自由　公正　平等　法制（公益广告）

【2】爱国　敬业　诚信　友善（公益广告）

说明：两句广告语都无一例外地连续选择了几个单音节词语，使整个广告语的音节总数减少了很多，使整则广告语显得更加简洁。

2. 相同词语重复出现

同一词语重复地在一则广告语中出现是很常见的现象，户外广告语中尤其如此。

【1】种瓜得瓜　善有善报

【2】有困难找志愿者　有时间做志愿者

【3】知法守法用法　为你为我为大家

说明：第二则广告连用两个“志愿者”，更能体现志愿者对于社会公益的贡献，更能体现“人人为我　我为人人”的社会大同核心思想。第三则广告连用三个“法”和三个“为”，更能让法治的概念深入人心。

3. 成语的使用

如：种瓜得瓜　善有善报（公益广告）

说明：成语在公益广告上的运用更能使该公益广告的核心思想得到传播。

（三）句式的选择

绵阳户外广告的语言艺术除了表现在音律的和谐和词语的选择上外，还有一个重要的方面是句式的选择。句式的选择实际上是指对基本意义相同而外在的结构形式有所差异的句子的选择，即选择同义句式。两个基本意义相同的句子，选择不同的句式就可能产生不同的表达效果。

1. 短句多，长句少

【1】敬老　德福（公益广告）

【2】但行好事　莫问前程（公益广告）

【3】重视安全　珍爱生命（公益广告）

【4】**做道德守礼的好公民　当文明新风的传播者**（公益广告）

说明：1~3 项广告皆是短句，短句更便于记忆，让人对于公益广告里的积极因素印象深刻；第 4 项是长句，更能完整地表达广告投放方的意向。

2. 口头语句式多，书面语句式少

【1】**构建和谐社会　打造平安绵阳**

【2】**重视安全　珍爱生命**

说明：1~2 项广告皆是选择人们日常生活中使用的口头语，更便于普通公众的理解。

（四）辞格的运用

辞格在绵阳户外公益广告的语言中有较多运用。户外广告语言中运用辞格能提高广告语言的水平，增强广告语言的生动性和形象性，使广告语言更具吸引力，给受众留下深刻的印象。

1. 对偶

对偶是绵阳户外广告语言中使用最多的辞格，它在公益广告和商业广告中都有着丰富的运用。

【1】**爱护牙齿从我做起　文明市民从我做起**

【2】**有困难找志愿者　有时间做志愿者**

【3】**双肩担着重任　扛的全是富强**

说明：如第一句广告语，爱护牙齿、行为文明是市民日常必须做到的行为，将两者用对偶联系起来，更能加强语言的气势。

2. 通感

通感修辞格就是在描述客观事物时，将人的五感相互转换，将本来表示 A 感的词语用来表示 B 感，使所表达的情感更加饱满。

【1】**夏日穿上香水，身上何需外衣**

说明：香水应该用“喷”而非用“穿”，这里用“穿”是使用了通感的艺术手法，体现出了香水这一“非必需品”的“必需性”，能够促进香水的销售。

【2】**倾听你的眼睛**（眼镜广告）

说明：“眼睛”是物体，无法被“倾听”，这里同样使用了通感的手法，用“倾听”

一次连接了眼睛和眼镜，让二者的关系更加紧密，也使眼睛有一种被关怀、被爱护的感觉，更能激发消费者的购买欲。

四、绵阳地区户外广告中存在的问题

绵阳市户外广告语言应用有很多艺术性的闪光点，与此同时，它也有其相应的不足，以下讨论广告语言表达不当的地方。

（一）音律不够和谐

如：

【1】亲爱的，别再嫌弃，你的脂肪啦！（整形医院）

说明：此则广告容易造成公众的误解，很明显，该整形医院是想宣传自家的抽脂瘦身技术，但是，由于断句不当、误用标点符号，让广告的意思变成了让消费者欣然地接受自身的脂肪，不当的断句让这则户外广告的效益大打折扣，造成了资金的浪费。因此，笔者的建议是，将此广告改成“亲爱的，从今天开始告别脂肪吧！”这样不仅读起来朗朗上口，也让公众能充分了解广告的意图。

【2】走！抢房子。（房产广告）

说明：“走！”这个单字指向的是抢购房产这一行为，广告商意图用鼓动性的词语促进消费。但是，从音律的角度而言，此类广告语一旦中间停顿便会语势减弱，让效果大打折扣。所以，改为“抢房子喽！”或者“抢房去！”语言表达效果会更加强烈。

（二）词语的选择和搭配不当

【1】爱情不问出处，没房啥也别谈。（房产广告）

说明：此句广告语的前半句没有问题，但是后半句的词语选择与搭配明显有不当的地方。此则户外广告为房产广告，所指向的当然是让“没房”的消费者通过“购买”变得“有房”，而“没房”后面的补足语“啥也别谈”过于尖锐和刺耳，非常可能引起消费者的反感，让广告不能起到它应有的效果。所以，该则广告应该用更加柔和的词语，例如，“没房怎么能行”就会好很多。

【2】中餐、火锅是主流，干锅是非主流，因为非主流，所以我们更加努力追求味道……（干锅餐馆广告）

说明：一方面，该广告的遣词造句实在过于累赘，难以让公众记住；另一方面，纵览该广告，商家将其干锅餐饮的特点着重突出了“非主流”，搞错了宣传的重点，“非主流”只是一个中性词，何必当成对外宣传的重点？个人建议，将广告语改成“做更努力追求味道的干锅”，使广告一目了然，记忆性更强。

（三）句式选择不当

【1】想要这个？就来这个！（乐透广告）

说明：该句广告语采用了设问的句式，广告图像为一堆香蕉和两只猴子，意欲告诉公众，乐透彩希望公众能想摇到什么就摇到什么。但是该则广告犯了句式选择不当的错误，购买乐透彩算不上大众的普遍行为，乐透的广告文案先入为主地把消费者当成了渴望得到彩券大奖的彩票迷，而把“来购买乐透”这一推广性忽略了，造成了广告资源的浪费，将这则广告语改为推广购买乐透行为的内容会更加合适。

【2】买住房，不如新天地买商铺（商铺广告）

说明：该广告语用了一个转折句，强调在新天地投资商铺收益远远高于买住房，但是此种句式长短不一，没有记忆点，宣传效益不强。所以，将其改为“与其人人投资住房，不如新天地买商铺”，这样让句子前后对称，更能发挥广告的传播效果。

（四）辞格使用不当

【1】谁说美丽不能当饭吃（整形医院）

说明：该则广告语使用了比喻的手法，意欲将美丽的外表和人生存的必需品“五谷杂粮”画上等号，从而促进消费者对于整形行业的消费。但是此类艺术手法使用得并不恰当，过分夸大了外表对于人的日常生活的必要性，改为“让美丽变成你的翅膀”等会更加合适。

【2】家在公园边　千亩公园山水间（房产广告）

说明：该则广告的用词和意境都非常到位，营造出了住房被山水田园所环绕的舒适感，唯一所憾的是没有采用对偶的手法，5＋7的句式打破了这份美感。住宅区总的范围对于消费者并不重要，强调“千亩”没有必要，将其去掉，保留“家在公园边，公园山水间”，不仅运用对偶的手法，让消费者读起来朗朗上口，更有一丝优雅闲适的意境。

五、绵阳地区户外广告的优化对策

综合以上对于绵阳户外广告语言的分析，我们可以以小见大，以局部看整体。我们可能看到，绵阳不乏非常优秀的广告，让受众读起来朗朗上口、韵律十足、印象深刻；也能看到一些较为平庸的广告，或许有一些让人眼前一亮的地方，但是不久后便被人淡忘，更有甚者，我们能看到一些质量比较差的广告，他们或是让受众难以理解，或是过于平淡无奇，让人难以记忆，总之，没有达到创作之初想要达到的宣传效果。那么，我们尝试着对绵阳地区的户外广告进行优化建议。

（一）宏观上的政策方针

1. 与时俱进

与势头正劲的新媒体相互融合，达成共赢。在新媒体迅猛发展的今天，让户外广告成为线上媒体和线下媒体的交织点，如通过微信二维码、网站网址等形式从线下往线上导入流量，再从线上的虚拟预览向线下的实体服务引导，融会贯通，扩大影响力。

2. 多做调研

通过对广告投放客体根本特征的研究调查，了解大众的口味与心态，让户外广告更为人民群众所喜闻乐见、更贴近生活。

3. 鼓励创新，不拘一格

通过音律的和谐、词语的选择与搭配、句式的选择与辞格的科学运用，提升户外广告的专业水准，雅俗共赏，实现艺术与商业的完美结合。

（二）有针对性地解决具体问题

1. 从公民个体的角度而言

应该大力加强文学艺术教育，不断提升公民的素养。同时，公民自身素质的提升会提高受众的鉴赏力，从侧面加强创作者的创作压力，让其更能创作出便于理解、语句优美的广告词。

2. 从创作者的角度而言

创作者应该通过不断的交流与学习，不断地提升自身语言文字素养，争取让自身所创作的广告语言实现文化性和经济性的平衡。

3. 从行业管理者的角度而言

工商行政管理部门等管理者们应该提高户外广告行业的准入门槛，制定相应的从业资格标准，提升从业者的素质，让不合格的户外广告语越来越少，提升行业的总体水平。

最后，我们不难发现，在对绵阳户外广告分析的过程中，公益广告较为注重词语的搭配和句式的选择，而商业广告却比较平淡务实，商业广告的创作者应该更加注意自己创作的艺术性和创新性，以此让绵阳户外的商业广告有更好的宣传效果。

第三章　四川达州地区户外广告语言使用现状

达州地处四川东部，辖4县2区1市，辖区面积1.66万km^2，总人口690万，是人口大市、资源富市、工业重镇、交通枢纽和革命老区，享有“巴人故里、中国气都”之称。

达州历史悠久，人杰地灵。达州历为州、郡、府、县所在地，至今已有1 900多年的建城史。达州曾是4 000多年前古巴人繁衍生息的沃土，媲美三星堆的罗家坝巴人文化遗址，见证了远古巴人文明的辉煌历史。达州汉阙存量占全国的四分之一，是全国最大的汉阙群。达州是川陕革命根据地的重要组成部分，徐向前、李先念、许世友等老一辈无产阶级革命家曾在这里浴血奋战，当年8万多人参加红军，2万多人为国捐躯，孕育了张爱萍、陈伯钧、向守志、魏传统等50多位共和国将军。

达州区位独特，交通便捷。达州是成渝、关中—天水、大武汉三大经济区的重要连接带，是四川对外开放的东大门和通江达海的东通道，历为秦巴地区物资集散地和商贸中心。达州是全国公路运输179个主枢纽城市和四川12个次级综合交通枢纽之一，是国家连南贯北承东启西“十字”铁路公路交通网的节点城市。达州火车站是西南第四大火车站，达州机场直航北上广深等6大城市，渠江航运经重庆可直达上海，立体交通体系全面构建。

达州资源富集，物产丰饶。达州是全国三大气田之一和川气东送工程的起点，是国家重要的能源资源战略基地。境内已探明可开发利用矿产资源28种，其中，天然气资源总量3.8万亿m^3，探明储量7 000亿m^3，年外输天然气100亿m^3以上，天然气净化副产硫黄400万t，是亚洲最大的硫黄生产基地。达州是国家商品粮生产基地、生猪调出大市和国家农业综合开发的重点地区，是中国苎麻之乡、中国黄花之乡、中国乌梅之乡、中国糯米之乡、中国油橄榄之都、中国富硒茶之都、中国醪糟之都。[①]

① 达州市人民政府网 http://www.dazhou.gov.cn/articview_20161201161404138.html

一、达州地区户外广告的分类

在对达州地区进行实地户外广告考察时，我们选取了310条广告作为考察的对象。不同类别户外广告在广告语言创作中侧重点是不同的。公益广告一般目的在于传达某种理念，并且希望该种理念可以得到更好的传播。正因如此，一般的公益广告都朗朗上口，节奏匀称，语言比较朴实平淡。而对于商业广告来说就很不一样，其发布广告的目的在于推销自己的商品或者服务，进而兴旺自己的生意，财源广进。基于这个原因，商业广告一般追求新奇、特别和醒目。常通过谐音或词语搭配来产生强烈的效果。

广告语言有多种分类角度，我们对达州市地区调查得到的310条广告进行分类，大致分为两大类：一类为商业广告，一类为公益广告。而商业广告和公益广告又可以再分类。

（一）公益广告

公益广告是户外广告的重要组成部分，但它在数量上远远不如商业广告。在达州地区户外广告调查中搜集177条公益广告。对搜集到的公益广告进行归纳整理见表3–1。

表3–1　达州市户外广告中公益广告的分类与数量统计

分类名称	数量统计
廉政公益广告	67
政策法规公益广告	14
公共交通公益广告	4
市容市貌公益广告	19
文明创建公益广告	73

（二）商业广告

在达州地区户外广告调查中，我们发现商业广告数目很多。这其中有部分广告引人注目，有较好的表达效果和较高的表现力，但同时仍有一部分存在很多语言应用方面的问题。我们需要扬长避短，提高商业广告质量。现对达州地区户外广告进行细致的分类，见表 3–2。

表 3–2　达州市户外广告中商业广告分类与数量统计

分类名称	数量统计
楼盘广告	21
企业广告	35
品牌广告	21
食品广告	28
店铺广告	33

在这五类户外商业广告中，有些企业和品牌的广告遍布全国，它们的广告绝不仅限于此地。户外广告涉及面较广，这里只是简单的归类，以此对达州地区的户外广告进行了解与研究，从而促进户外广告语言应用的规范化，推进户外广告的发展。

二、达州地区户外广告语言运用分析

达州市的户外广告的语言，用语基本上比较规范，我们在调查过程中没有发现错别字、繁体字、异体字等不规范现象。这些广告在语言运用上总体上体现出以下特点：

（一）音律和谐

语音是语言的物质外壳，所有语言都借助语言的外在形式表现出来。户外广告语言中的音律和谐也不例外。户外广告语言中呈现出音律美会给人以享受，从而增进表达效果。

1. 押韵

汉语的语音由声、韵、调三个部分构成。这三个部分既相互独立，又灵活搭配，构成一个不可分割的主体。押韵是针对汉语音节的韵母而言的，上下句的末尾音节选择使用相同或相近的韵母（介音和声调可以不同）即为押韵。户外广告中的语言适当押韵，不仅能让受众读起来感受到广告语里流动的韵味，而且也能让受众对户外广告的记忆获得最佳效果。

有的是句内对称押韵，如移动流量套餐的广告**“流量更丰满，价格更骨感”**，句中停顿，“满”“感”韵母相同，押 an 韵。另外，像“学会计，到恒企”一句，“计”“企”韵母相同，押 i 韵。

有的是连续两句押韵的：**“法律无情人有情，人情尚需依法行”**，“情”“行”押韵，押 ing 韵。又如**“创卫家园齐出力，美化城市同受益”**，“力”“益”押韵，押 i 韵。**“与客户同成长　与客户共辉煌”**，“长”“煌”押韵，押 ang 韵。

2. 富有节奏感

户外广告中的语言既然具有一种音乐的美，那节奏必然是户外广告语音上表现出来的特点之一。节奏是汉语音律和谐的一种表现形式。节奏的单位是音步。广告语中通过朗读的停顿将一个语言片段分成若干部分，这些部分就构成了音步。在对达州户外广告语言的调查中，很多广告语都体现出节奏明快、朗朗上口的特点。

有的三音节广告语形成了 1 + 2 式的节奏，如其中的一则廉政广告：**“讲党性、重品行、做表率”**。四音节广告语则多形成 2 + 2 式的节奏，如蓝润地产的广告：**“出则繁华，入则宁静”**。

五音节广告的节奏类型主要有两种，一种是 2 + 1 + 2 式的，如公益广告：**“达城是我家，建设靠大家”**。另一种节奏类型是 1 + 2 + 2 式的，如达州的地方特产广告：**“品巴人智慧，享一方一俗”**。

六音节和七音节广告语也往往能形成比较整齐的节奏感，如六音节的 2 + 2 + 2 式，某汽修广告就是这样的：**“强化服务意识，规范服务行为，提高服务水平”**。**“遵纪守法讲文明，看好房门帮友邻，管好家人斗坏人，巡逻守护保安宁”**则为 2 + 2 + 1 + 2 式节奏的七音节广告。

一般的广告，往往只有三到四个音节，由于语音片段短，本身读来就铿锵有力。它们又有间于单个短句中的朗读停顿，使得广告语在有力当中又带有一丝萦绕于心的韵味。五音节到七音节的广告语音节相对较长，在音步与音步的自然组合间，广告语显得和谐动听。一定时间内音步的重复组合也使得广告语的流畅感更为突出，给受众很强的感染力。

3. 叠音

叠音是指将两个相同的音节叠加在一起，构成重叠的形式，以增加语言的韵律感，并有助于流露特定情感的语言手段。达州户外广告语中也有运用叠音来增强广告语的音响效果，并使广告语言达到优美的音乐效果的例子。

如**“清洁卫生人人参与，美好环境家家受益”**。这则公益广告，将“人”“家”重叠使用，这样更容易感染和打动读者，人人包括我自己，家家包括我的家，利人利己。能让更多人注意到卫生环境与自身息息相关。而且两词重叠在上下句的对称位置上，不仅在语音上增强了乐感效果，在意义上也表达出了家庭环境的优美直接来源于个人对市容整治参与的力度。这就使这则公益广告更有说服力。

再如，**“事事有法可依，人人知法守法”**。这则文明创建标语中，“事事”“人人”均为重叠，每件事都有法律依据，每个人才会去了解法律，遵守法律，重叠之下更显“法”的重要性。

4. 谐音

谐音是指一个词或一句话中，用一个语音相同或相近的语素或词语代替原词，以求增强广告的熟识度，甚至达到一语双关效果的表现形式。谐音不仅可以让广告语读起来更加顺畅上口，而且通过谐音的方法，还能降低广告语中信息的陌生度，使广告达到更好的效果。

如**“墅质洋房，别墅生活”**。这则楼盘广告“墅质”和“素质”谐音，虽然“墅”和“素”在普通话中一个平舌一个翘舌，但四川人不分平翘舌，所以对四川人来说这就是典型的谐音。这则广告如此谐音给人的感觉就是住了这里的房子我就有素质了，相当于是在赞美买房的客户，有意愿买房的人自然是喜闻乐见了。像“**瑞康医院：专解男题**”，这样的男科医院的广告“男”和“难”谐音，这则广告看似简单，实则妙极。不管是专解难题还是专解男题都意味着这家医院的医生医术高明，专解困扰男士的难题，更让那些有难题的男士容易选择。

美的空调的广告**“天赐凉机”**，则是“凉”和“良”谐音，这则广告比较有趣。“良机”的意思是好机会，“凉机”则是能让人凉爽的机器，让不耐酷暑的人忍不住想买来凉快一下。还有，像**“佳音英语：助你提升一夏”**，这则英语补习班广告。“夏”和“下”叠音，这则广告有深意，本来补习可以让学生们的水平提升一下，但是恰逢暑假，正是夏天，看到这一整个夏天都能提升英语水平，对孩子寄予厚望的家长还有对自己要求高的学生难免会心动。

（二）词语的精心选择和巧妙搭配

户外广告较之其他类型的广告在语言上的要求更高。户外广告一般比较简短，言简意赅。所以就要求户外广告能够以尽可能简短的语言传达尽可能丰富的内容。要求户外广告语言必须在精练的基础上更多地传递信息。于是，词语的选择和搭配在这种高效传递信息的语言片段中就显得尤为重要了。

1. 选择音节长度短的词语

选择音节较短的词语的广告语，读起来更有节奏感，词句的气势也更强，对广告语的效果有增强的作用。如**“受教育，转作风，树形象”“扬清风，倡廉洁，公生明，廉生威”**。

两则广告语都无一例外地连续选择了几个单音节词语，使整个广告语的音节总数减少了很多。第一则广告“受”“转”“树”都是单音节词，三词对称使用，使整则广告语显得简洁有力。第二则广告则稍显生涩，读起来没有朗朗上口的感觉。

2. 恰当地词语复现

同一词语重复地在一则广告语中出现是很常见的现象，户外广告语中尤其如此。户外广告语中选择恰当的词语是广告语言成功的关键。如**“培养安全习惯，倡导安全文化，提高安全素养”“强化服务意识，规范服务行为，提高服务水平”“做文明市民，树文明新风，创文明城市”**，这几则广告语都对同一词语进行了三次重复。在一则短小的户外广告语中多次重复同一词语，足见这一词语的重复对广告的表达效果的重要作用。第一则广告连用三个“安全”，更能突出安全的重要性。第二则广告连用三个“服务”，更能体现服务的必要性。第三则广告连用三个“文明”，更能让文明的观念深入人心。

3. 选择意义相同或相近的词语

意义相同或相近的词语指的即是同义词。它包括两种类型，一是等义词，二是近义词，这里说的意义相同或相近的词语主要指的是近义词。如**“普法进万家，守法走天下”**，这一则文明创建的广告，“万家”和“天下”意思相近。**“和谐与文明同在，法治与发展共存”**这则文明创建的广告中，“同在”和“共存”是一组近义词，两个词都有“并列”的意思。**“品味龙人景苑，感悟生活本真”**，这是达州一处景区内景苑的广告，“品味”和“感悟”是一组近义词，这两个词语都给人一种很高雅的感觉，从而吸引游客进门一看。

4. 选择意义相反的词语

意义相反的词语既可以指词语的意义相反或矛盾的一组词，即反义词，也可以是一组在表达上具有反义效果的词。使用意义相反的词语，不仅能够在语言上形成鲜明的对比效果、揭示事物的特点，同时也能产生含蓄精准的表达效果。如**“流量更丰满，价格更骨感”**，这则中国移动的流量包广告，“丰满”和“骨感”是一组反义词。流量更丰满，意思是流量更多，价格更骨感，意思是价钱更少了，双重实惠，以此来打动消费者。长虹集团携手万隆家电以旧换新活动的广告：**“旧机当钱用，新机搬回家”**。“新”和“旧”是一组反义词。人们总是喜“新”厌“旧”，新旧一对比，人们肯定选新了。

5. 词语的超常搭配

在汉语里，词与词的组合不是任意的，必须要符合某种规则。这个规则就是词语组合成词组时既要符合语法的规则，也要符合语义搭配上的现实可能性。在广告语言中词语的搭配却经常打破这些规则，结果不仅没有影响理解、产生歧义，反而达到了意想不到的奇妙效果。

（1）语法上的超常搭配

“改变你的财运，提升你的‘薪’情”，这是一则达州某公司人事部的招聘广告。“薪情”与“心情”谐音，加薪了，心情自然就好了。所以这里的谐音替换用得恰到好处。

“茶情！茶曲！茶人生！茶之韵体验不一样的味道！”这是一则茶馆的广告。这里有词语活用的情况。“茶”“情”“曲”“人生”都是名词。三个短句都没有出现动词，显然不符合汉语的语法规则。这里的三个“茶”字都是名词被活用成了动词，属于词语组合在语法上的超常搭配。

（2）语义上的超常搭配

在广告语言中，词与词的搭配可能是合乎语法规则的，但它们的组合在语义上却说不通，这就是语义上的超常搭配。词语之间在语义上的超常搭配尽管脱离实际，但却常常能达到言有尽而意无穷的表达效果。如**“给健康加道菜，第五道菜，天地壹号。”**这是天地壹号保健饮料的广告。给健康加菜，明显不符合实际，这里是“健康”和“加道菜”两个词语语义上的超常搭配，加道菜就能健康，何乐而不为？

（三）句式的选择

句式的选择实际上是指对基本意义相同而外在的结构形式有所差异的句子的选择，即选择同义句式。两个基本意义相同的句子，选择不同的句式就可能产生不同的表达效果。句式的选择可以看成是对句子的锤炼，它和语句出现的语言环境密切相关。而对语言各要素的选择和锤炼都是为了能达到预期最佳的表达效果。

户外广告因其出现在户外，能被受众关注到本身就具有很大的偶然性，而且这样的关注持续的时间必定不长，所以户外广告的语言就对句子句式的选择有很高的要求。

1. 多用短句，少用长句

户外广告中语言被关注的时间往往有限，一般受众对广告的关注仅仅持续短短几秒钟的时间，所以在达州户外广告语中，短句的使用要比长句多。短句中出现的词语少，结构简单，不仅可以快速地将信息传递给受众，而且短句传递的信息集中，简化了受众分析筛选的过程。户外广告语中使用短句，往往简洁明快，用法灵活。由于短句的长度有限，所以词语的选择更加精准，语言可以达到一语中的的效果。短句看上去简短却很有力，具有言有尽而意无穷的意味，有的甚至可以发人深思。

如**“无偿献血，大爱无疆”**，这则宣传献血的广告，献血其实是一种利人利己的行为，献血者能通过献血刺激自身的成骨细胞增强造血功能，献出的血液也能帮助他人。与其通过大量生物学知识告诉大众献血的好处，还不如这一则简单明了的广告语来得实在。又如**“万象江湾，大境天成”**这一则楼盘广告，虽然简短，但却大气磅礴，让人眼前一亮。

2. 多用整句，少用散句

整句指结构相同或相似、形式整齐的一组句子；相反，形式不整齐、结构不相似，各式各样的句子交错运用的一组句子叫散句。户外广告语言中对整句和散句有不同的运用。但就使用的频率来看，整句在达州户外广告语中的使用次数要远远超过散句。这从户外广告语言较强的韵律感上也可以体现出来，因为一般形式整齐、句子结构相似的整句的节奏较为明快，声音也很和谐。

如这几则广告：**“正道正气行走天下，清廉清正幸福一生”“以服务为宗旨，待旅客如亲人”“大力开展五治工作，提升北外环境质量”**。第一则是一则廉政广告，两句是结构相同、整齐匀称的整句。上下句的对称使语言连贯，给人留下深刻的印象。第二则是达州车站的广告，整条广告语声音和谐、意义鲜明、语言连贯。第三条广告是一则文明创建广告，整条广告语顺畅自然，读起来朗朗上口。

3. 多用口语句式，少用书面语句式

广告语言选用口语句式能更贴近受众的语言习惯，拉近与受众之间的距离。受众在接受这种口语化的语言时也能舒服地获得广告展示出来的所有信息，不需任何的思考时间。广告中口语化的语言就好像是与受众的互动和交流，一切都显得那么的亲切、自然。

“便宜得，没朋友”“达州正在喝它！”“亲！同样优惠当然选格力”，第一则是达州某服装店的广告。这句广告语的正文选用了口语句式，广告语热情而真诚，就好像商家此刻正面对面地站在受众的面前，对着顾客说出了这句商品的宣传语。第二则是一则酒广告，口语化的语言，直接道出华橙原酿在达州很受人们喜爱。第三则广告则是用口语直接告诉消费者格力空调更为实惠，就像邻家美眉的语气，让人精神为之一振。

（四）辞格的运用

辞格在达州户外公益广告和商业广告的语言中均有运用。户外广告语言中运用辞格能提高广告语言的水平，增强广告语言的生动性和形象性，使广告语言更具吸引力，不仅可知而且可感，将广告要表达的内容鲜明地呈现在受众面前，给受众留下深刻的印象。

在达州户外广告语言中，主要有对以下几种辞格的运用：

1. 排比

达州户外广告语对排比的运用都不约而同地选择了短语排比的形式。因为相对于媒体广告等其他形式的广告而言，户外广告对语言的简洁度和意义的集中度都有更高的要求。运用短语排比的形式可以增强户外广告语言的节奏感和流畅性，达到句式整齐、内容集中、条理清楚、气势恢宏的表达效果。

“维护宪法权威，捍卫宪法尊严，保证宪法实施”和**“做文明市民，树文明新风，创文明城市”**这两则广告，第一则广告是一则法治宣传广告，“维护”“捍卫”“保证”三词层层递进，让整则广告更具说服力。第二则公益广告连续运用三个述宾短语的

排比，在意义表达上高度集中，突出了城市文明创建的主题。三个述宾短语中都含有一个主题词“文明”，三个短语是城市的文明创建在不同方面的具体表现，广告语言的表达具体而明确、主题突出。排比的运用使这条公益广告的结构看起来整齐匀称，语气流畅，极具感召力。

2. 对偶

对偶是达州户外广告语言中使用最多的辞格，在公益广告和商业广告中都有着丰富的运用。由于对偶在结构上相同或相似，运用了对偶的广告语读起来音节匀称、节奏明快、朗朗上口，句式上也是整齐划一、铿锵有力。从表意上来看，运用了对偶的广告语意义清晰明确、上下相协，前后意义的照应使广告语言紧凑饱满。**“严谨求精，仁德俱全，践行群众路线；真情播爱，医患同行，圆人民健康梦”“治国法为先，律己廉为首”**这两则广告都运用了严格工整的对偶。第一则是达州一卫生服务中心的宣传语，比较有文学性。第二则廉政广告虽然简短，却胜在铿锵有力。

3. 顶真

顶真在户外广告中的运用，可以帮助广告的语言表达结构紧凑，音律婉转，句式整齐，语气绵延，达到一气呵成之势；从内容上也能帮助广告前后连贯、环环相扣，达到一种层层深入的效果。如**“致富不忘报国，报国不忘拥军”**广告语中，“报国”将上下句联系起来，告诫人们富裕了也勿忘本心，要懂得饮水思源。

三、达州地区户外广告语言应用现状的成因

通过以上对达州市户外广告现状的分析，我们可以总结出以下内容：达州市户外广告的发展有喜有忧，有的广告表达效果较好，具有吸引力、影响力，有的则十分平庸，甚至难以呈现在群众面前。

首先，户外广告的目的就在于吸引群众注意力，达到很好的宣传效果，进而为企业提供好的群众基础甚至是市场号召力。通过分析达州市户外广告的发展现状，我们发现了很多拥有较好表达效果的广告，同时也发现了很多语言应用上的问题。

第一，时代的发展、新媒体的迅速成长与普及对户外广告这一媒介形成了很大的冲击力。人们的眼球多被电视、网络等媒介吸引了。户外广告越发不受到企业、政府和居民的重视，发展越发的不景气。

第二，户外广告需要多领域的共同支持，缺乏专业的户外广告语言应用方面的人才。

第三，户外广告语言缺乏创意，没有创新，这是存在于户外广告发展中的一个难题。

第四，人口素质的高低也是影响户外广告发展的一个重要原因。户外广告中专业研究语言应用问题的人才很难在广告的呈现和居民接受水平这两方面达到平衡。

第五，户外广告语言的应用与发展还受到地域与方言的影响。例如："墅质洋房，别墅生活"这一则广告中，"墅质"和"素质"谐音。这个谐音在普通话中是体现不出来的，但是在达州方言中读起来便是谐音。所以方言和普通话读起来的表达效果就有了很大的不一样。

当然达州市户外广告语言应用中也有值得让人肯定的地方。有些广告语言应用中注意押韵和节奏，如公益广告"**创卫家园齐出力，美化城市同受益**"，利用了"力""益"押韵，读起来朗朗上口，表达效果强烈。另外除了押韵和节奏，有些广告还注意到了句式的选择和词语的搭配。这些都使户外广告拥有了好的表达效果，充分发挥了户外广告的作用。同时户外广告的语言还可以借助修辞来达到较好的表达效果。总之户外广告的语言应用受到多方面因素的影响，也有多种要遵循的原则和创作方法，整个创作过程需要多个环节，一个链条稍有问题就会影响整个广告的表达效果。所以，户外广告的语言应用问题还需要我们认真仔细地去学习和研究语言应用方面的专业知识，从多个方面进行破解，从而促进户外广告语言的发展。

四、达州地区户外广告的优化及对策

通过对达州市户外广告语言应用的现状分析，我们提出以下建议和对策。

（一）加强户外广告语言文字管理的规范化

目前部分地区户外广告投放仍旧存在水平低、不规范和效果差的情况，这需要博采众长，吸收发达地区和国外先进的经验，发挥语委、工商行政管理等政府部门对户外广告语言文字管理的领导作用。科学制定与深化改革行业规范条例，沟通政府与户外广告商的政策交流和意见反馈。政策性的因素与政策的调整对于户外广告商有重要影响，但是目前双方在信息汲取与意见反馈上却有着一定的障碍，如果能让已有的沟通平台如行业协会等，有效发挥作用，让政府的新政策和政策的变化能够及时地传递给户外广告经营者，也让户外广告经营者能及时反馈相应的问题，这样才能实现行业的健康快速发展。

（二）发挥户外广告的社会效应

首先，顺应时代的潮流，在新媒体迅猛发展的今天，让户外广告成为线上媒体和线下媒体的交织点，如通过微信二维码、网站网址等形式从线下往线上导入流量，再从线上的虚拟预览向线下的实体服务引导，融会贯通，扩大影响力。其次，通过对广告投放客体根本特征的研究调查，了解大众的口味与心态，让户外广告更为人民群众所喜闻乐见、更贴近生活。最后，鼓励创新，不拘一格。通过音律的和谐、词语的选择与搭配、句式的选择与辞格的科学运用，提升户外广告的专业水准，雅俗共赏，实现艺术与商业的完美结合。

第四章　四川遂宁地区户外广告语言使用现状

遂宁市位于四川盆地中部，涪江中游。介于东经 105° 03′ 26″ ~ 106° 59′ 49″，北纬 30° 10′ 50″ ~ 31° 10′ 50″之间。东西宽 90.3 km，南北长 108.9 km，总面积 5 300 km^2。东邻重庆、广安、南充，西连成都，南接内江、资阳，北靠德阳、绵阳，与成都、重庆呈等距三角。历史上，遂宁曾以其深厚的文化底蕴、迷人的灵性山水和发达的农工商贸而成为川中政治、经济和文化中心，尤以纺织食品工业闻名，素有“东川巨邑”“川中重镇”“小成都”之称。1985 年 2 月，经国务院批准，设立省辖遂宁市，现辖船山、安居两区和射洪、蓬溪、大英三县。人口近 380 万。市城区建成区面积 79 km^2，人口 72.01 万。

遂宁为人口稠密区，按常住人口计算，人口密度为 622 人 / km^2，人口密度远大于全国、全省平均水平。全市人口绝大部分分布在沿涪江两岸的冲积平坝、沿河两岸的河谷地带和丘间小平坝区。从射洪县的金华镇到船山区的龙凤镇，沿涪江两岸属人口特稠密区，人口密度达到 850 人 / km^2。

全市社会从业人员 233 万人，占总人口的 70.6%，劳动力资源相当丰富。除能够充分满足当地经济发展对劳动力的需求外，还采取多种措施转移富余劳动力。全市常年输出劳动力保持在 120 万人以上，遍布全国各省、市和十多个国家和地区。

全市除汉族外，还有藏族、彝族、苗族、壮族、回族、羌族、蒙古族等 44 个少数民族，人口近 2 万人，占全市总人口的 0.5%，这些民族只是散居于汉族之中，未形成集中聚居区。①

遂宁市近年来发展较为迅速，位于四川盆地中部的地理优势使之恰好处于四川城镇化发展的主轴上，是整个四川省战略部署建设的“六大都市区”之一。随着人们生活水平的提高，人们对物质文化的需求也日益增加。加之近年来又成功承办了省运会，遂宁市区内的户外广告形式开始变得多样化，数量也不断增多。本书通过对遂宁户外广告语言的艺术性描写以及问题的阐述，来反映遂宁作为一个中等规模

① 遂宁市人民政府网 http://www.suining.gov.cn/10000/10411/10043/2012/03/14/10000010.shtml

城市的广告语言发展状况，进而针对这一状况总结出户外广告中的语言在创作上应该遵循的原则，从而达到提升城市语言发展水平的意义。

本书所引例句皆源于对遂宁市的户外广告的实地搜集。我们共搜集到户外广告178条，覆盖遂宁大部分区域。所搜集到的所有户外广告语料因其出现的范围不同，可区分为：一是遂宁本地的户外广告，即只出现在遂宁市的地方性广告；二是全国甚至世界性的户外广告，即在遂宁以外的全国甚至世界范围内都会出现的户外广告。这两种类型的广告虽都属于遂宁地区的户外广告，但因其来源不同，对其研究的应用价值也不同。

一、遂宁地区户外广告分类

（一）公益广告

公益广告在此次户外广告调查中所占比重较大，约占总数的50%，公益广告的分类名称及其数量统计见表4–1。

表4–1　遂宁市户外广告中公益广告分类与数量统计

分类名称	数量统计
廉政公益广告	7
政策法规公益广告	16
公共交通公益广告	8
市容市貌公益广告	35
文明创建公益广告	42

近年来遂宁市成功承办了省运会，因此在文明创建类的公益广告中号召健康省运、全民健身等公益广告不少。例如：齐心办好省运会，携手共建新遂宁。这类广告在遂宁市的街头巷尾出现很多，是对省运会的极力宣传的体现。

（二）商业广告

商业广告的数量与公益广告的数量相当，约占50%，商业广告的分类名称及其数量统计见表4–2。

表 4-2　遂宁市户外广告中商业广告分类及数量统计

分类名称	数量统计
楼盘广告	13
企业广告	19
品牌广告	22
食品广告	6
店铺广告	10

在商业广告中，特别是品牌广告和企业广告中，除了具有遂宁特色的户外广告，大部分是全国性的甚至世界性的。这类广告语言稳定，已经深入人心。而楼盘广告、食品广告、店铺广告则更能体现遂宁独有的特色。

二、遂宁地区户外广告语言的艺术性

（一）广告语言的艺术性

以往对广告语言艺术性的研究更多的是从修辞的角度来探讨的，其实广告语言的艺术性体现在很多方面，对广告语言的语音、词汇、句子等进行艺术化的润饰都是艺术性的表现。在广告语言的创作中，无论是运用押韵、明快节奏还是谐音等方法，都是为了突显广告语言的韵律感，使广告语言读起来朗朗上口。这些都是对广告语言语音层面的艺术化的润饰，使广告语言具有艺术性的美感。广告语言词语的选择和搭配也是语言艺术性的体现。

（二）遂宁户外广告语言的艺术表现手段

1. 音律的和谐

（1）押韵

汉语的语音由声、韵、调三个部分构成。这三个部分既互相独立，又能灵活配合，构成一个不可分割的主体。押韵是针对汉语音节的韵母而言的。上下句的末尾音节选择使用相同或相近的韵母（介音和声调可以不同）即为押韵。户外广告中的语言适当押韵，不仅能让受众读起来感受到广告语里流动的韵律感，和谐动听，而且也能让受众对户外广告的记忆获得最佳的效果。

【1】阳光整形　整成公主都行

说明：句中停顿，“形”“行”韵母相同，押 ing 韵。

【2】激情在赛场　飞扬梦想在遂宁绽放

说明：句中停顿，“扬”“放”韵母相同，押 ang 韵。

【3】精彩无限　视听震撼（电影院）

说明：句中停顿，“限”“撼”韵母相同，押 an 韵。

【4】我有 e 掌通，生活更轻松（农村信用社）

说明：句中停顿，“通”“松”韵母相同，押 ong 韵。

图 4–1　农村信用社广告

【5】拒绝毒品　珍爱生命　实现民族伟大复兴

说明：句中停顿，“命”“兴”韵母相同，押 ing 韵。

（2）节奏

户外广告中的语言既然具有一种音乐的美，那节奏必然是户外广告语音上表现出来的特点之一。节奏是汉语音律和谐的一种表现形式。单一语言片段的广告语较为简短，节奏自然；由音节数量相同的语言片段组成的广告语上下句之间对称和谐，节奏轻快。遂宁的户外广告按音节数量的不同可分为以下几种情况：

① 三音节广告

【1】重信用　轻抵押　手续简　放款快

【2】健康水　免费喝（净水特供点）

② 四音节广告

【3】**健康省运　优美遂宁　西部物流　通达四海**

【4】**装点遂宁　传播品牌**（毅达品牌）

【5】**感受舒适　品味生活**（楼盘广告）

图 4-2　楼层广告

③ 五音节广告

【6】**讲社会公德　受社会尊敬**

【7】**一台好老师　全科好家教**（学习机）

【8】**树文明新风　做文明使者　献优质服务　展中国风采**

④ 六音节广告

【9】**城市牵手文明　幸福点亮生活**

【10】**文明赢得尊重　礼让从我做起**

【11】**信用源于民心　合作共赢未来**（农村信用社）

⑤ 七音节广告

【12】**齐心办好省运会　携手共建新遂宁**

【13】**家人亲朋在期待　危险物品不能带**（车站安检）

说明：例【1】至例【5】的广告语只有三到四个音节，由于语音片段短，本身读来就铿锵有力。它们又有间于单个短句中朗读的停顿，使得广告语在有力当中又带有一丝萦绕于心的韵味。例【6】至例【13】的广告语音节相对较长，在音步与音步的自然组合间，广告语显得和谐动听。一定时间内音步的重复组合也使得广告语的流畅感更为突出，给受众很强的感染力。

（3）叠音

叠音是指将两个相同的音节叠加在一起，构成重叠的形式，以增加语言的韵律感，并有助于流露特定情感的语言手段。遂宁户外广告语中也有运用叠音来增强广告语的效果，并使广告语言达到优美的音乐效果的例子。广告语言虽然不是文学语言，但它处于语言的外层，比一般状态下的语言更加灵活、生动。这也是广告能给人美感、让人记住的原因之一。叠音就是广告语言生动性的体现。

【1】**理理气　顺顺心　找我小陈陈**（饮料）

说明：这是一则娃哈哈饮料的广告，"理""顺"二字均重叠，这样显得比较口语化，给人亲切感。

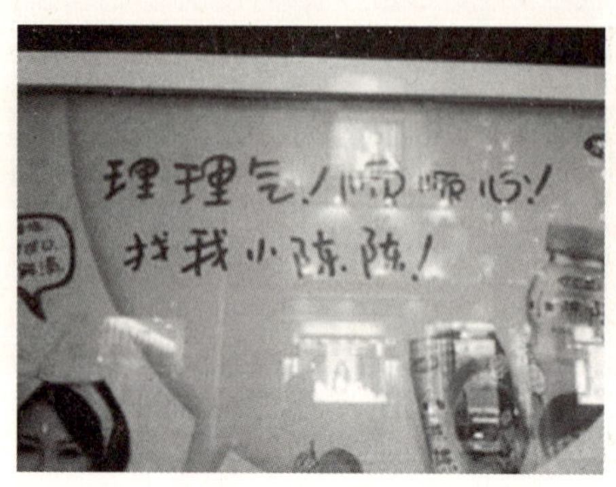

图 4–3　饮料广告

【2】**层层递净　杯杯有情**（纯净水）

说明：这是一则纯净饮用水的广告，"层""杯"二字重叠，传达出水很干净的意思。

【3】**清洁卫生时时讲　环境卫士人人当**

说明：这是一则文明创建的公益广告。"时""人"二字重叠，表现了讲清洁爱卫生和保护环境的重要性。

（4）谐音

谐音是指一个词或一句话中，用一个语音相同或相近的语素或词语代替原词，以求增强广告的熟识度，甚至达到一语双关效果的表现形式。谐音不仅可以让广告语读起来更加顺畅上口，而且通过谐音的方法，还能降低广告语中信息的陌生度，使广告达到更好的效果。

【1】**小有城就　大有钱途**（太平洋集团）

说明：这是一则品牌广告。"城就""钱途"与"成就""前途"谐音。这则广告可谓一语双关的典型。

【2】**源来音乐啤酒广场　激情时刻轻松度过**（燕京啤酒）

说明：这是一则啤酒广告。"源来"与"原来"谐音。

【3】层层递净　杯杯有情（纯净水）

说明：前面分析过这则广告,但只是从叠音的角度分析的。这则广告不仅有叠音，还有谐音存在。“递净”与“递进”谐音，但这里不是要表达递进的意思，而是想要表明水很干净。

图 4–4　太平洋集团广告

2. 词语的选择

（1）选择音节长度短的词语

户外广告的语言是一种十分经济的语言。它能以十分简短的形式表达非常丰富的含义，其音节的长度必定受到了一定的限制。在遂宁户外广告语的调查中，选择音节较短的词语的广告语，读起来更有节奏感，词句的气势往往更强，广告语的效果往往更好。

【1】遂宁心　万达造（万达广场）

【2】我创造　你享受（楼盘广告）

【3】品质保证　价格实惠　服务到家

说明：以上三则广告语都简单明了，开门见山地将要传达的信息表现了出来。

（2）相同词语重复出现

同一词语重复地在一则广告语中出现是很常见的现象，户外广告语中尤其如此。对相同词语的重复能加深受众对这一信息点的印象，能够加强广告的宣传效果。遂宁户外广告语中有一些对相同词语重复使用的情况，这里列举几个较为典型的例子并加以说明。

【1】很畅　很舒心（苏打水）

【2】更丰富　更实惠　更放心（中鑫珠宝）

【3】**市民多一分文明　生活多一分精彩　社会多一分和谐　城市多一分魅力**

说明：以上三则广告语中都有两个或者两个以上的词语重复出现，这种强调加强了广告想要表达的效果。

图 4–5　苏打水广告

（3）使用成语

广告语言需要简洁易记，户外广告语尤其如此。在户外广告的语言中使用成语已经不是什么新鲜事了，因为成语本身具有生动形象、易记易懂的特点。遂宁户外广告中也有一些使用成语的。

【1】**42000 方超大中庭公园　遂宁绝无仅有**

【2】**百年大计质为先　安全生产记心间**（建筑工地标语）

说明：例【1】中使用了成语“绝无仅有”，突出了这个地产在遂宁市的地位。例【2】中使用了成语“百年大计”，体现了对建筑质量的重视。

图 4–6　中庭公园广告

【3】**霸王别鸡**（特色菜名）

【4】**花好月缘**（婚庆公司）

说明：例【3】例【4】都是改用的成语。例【3】是一家饭店的招牌中的其中一道菜名，也可以算作一则广告。将成语“霸王别姬”里的“姬”换成了“鸡”丁，给人的感觉是在恶搞这个成语。不过也胜在别出心裁，对好奇和觉得有意思的顾客有一定吸引力。例【4】则是一次很成功的谐音修改。原本的成语“花好月圆”，本来就有祝贺新婚的意思在里面。将“圆”改成“缘”，丝毫没有违和感，月下老人，缘定三生，这里的谐音修改可谓妙笔。

3. 句式的选择

遂宁户外广告的语言艺术除了表现在音律的和谐和词语的选择上外，还有一个重要的方面是句式的选择。句式的选择实际上是指对基本意义相同而外在的结构形式有所差异的句子的选择，即选择同义句式。两个基本意义相同的句子，选择不同的句式就可能产生不同的表达效果。

（1）短句多，长句少

长句与短句指的是句子的长短。句子的长短不同，结构的复杂程度也就自然不同。户外广告语中使用短句，往往简洁明快，用法灵活。短句中出现的词语少，结构简单，不仅可以快速地将信息传递给受众，而且短句传递的信息集中，简化了受众分析筛选的过程。

【1】**健康省运　优美遂宁　关爱老人　共建和谐**

【2】**今世有缘　相伴永远**（婚庆公司）

【3】**全城劲销　洞见价值**（楼盘广告）

说明：以上三则广告结构简单，让人能够很简单就记下来。

图 4–7　楼盘广告

【4】**深入开展文明城市创建　推动船山加快建成“一核五区”**

说明：这则宣传广告语较长，意思明确，语言也较为顺畅。

（2）整句多，散句少

句子的整散是就句子的整齐与否和结构的相似性而言的。整句指结构相同或相似、形式整齐的一组句子；相反，形式不整齐、结构不相似的句子交错运用的一组句子叫散句。

【1】百姓的理财顾问　企业的融资平台（鸿鑫融资）

【2】微笑是我们的语言　文明是我们的信念

【3】梦想在心中点燃　创业在脚下实现

【4】健康一个女人　幸福一个家庭（妇科医院）

说明：以上四则广告语都是由两个结构相同的句子构成，读起来朗朗上口，容易给人留下深刻的印象。

图 4–8　鸿鑫融资广告

【5】规范管理　诚信经营　共建文明市场

说明：这则广告整句和散句交错运用。读起来抑扬顿挫，体现出广告语言的张力。

（3）口语句式多，书面语句式少

【1】喝富硒啤酒　健康伴你走（富硒啤酒）

【2】爱我　给我一个家（锦绣国际城）

【3】讲社会公德　受社会尊敬

说明：这几句广告语给人的感觉不是你看到的，而是听到有人对你说的。让你在心中情不自禁想要重复一遍，这就是口语给人带来的亲切感。尤其是第二则广告，这是一则很好的楼盘广告，既真实又浪漫，很容易让人心动。

图 4–9　锦绣国际城广告

【4】**聚首城市之上　静享滨江生活**

说明：这句广告语书面气息浓厚，“聚首”“静享”两词给人一种文绉绉的感觉。

4. 辞格的运用

【1】**美天美地美环境　爱国爱家爱卫生**（对偶）

【2】**创造优美环境　营造优良秩序　提供优质服务**（排比）

【3】**创文明城市　建美好家园　做文明市民**（排比）

【4】**福满家　我的购物天堂**（比喻）

说明：多种修辞格的运用，使广告语的表达生动形象，更容易让人记住内容。

三、遂宁地区户外广告语言反映的社会价值

户外广告是一个城市政治文明、经济繁荣的视觉显现，除了其本身所具有的商业价值外，还具有个性化的特征和人文价值，能准确折射出城市的地域特色和文化特征。对遂宁户外广告的分析，这里主要从文化、经济、环境三个角度进行。

（一）文化角度

从文化的角度出发，城市就是一个巨大的文化合成体，它既包含了物质形态的

各种城市要素，如建筑、道路、市政设施等，又包括由历史传承而来的城市文化现象和市民性格。城市文化是城市的灵魂，是城市软实力的重要内容。一个城市是否具有魅力和潜力，在很大程度上取决于它是否拥有独具特色的文化。城市文化展示着城市的风貌和品位，提升着城市的吸引力和竞争力。2014年遂宁市成功承办了省运会，大街小巷中都有不少对省运会的宣传以及对全民健身的号召。这不仅体现了遂宁市政府对省运会的重视，也充分展现了遂宁人民对成功承办省运会的自豪之感。承办省运会是遂宁市发展城市文化的一个良好契机，不仅可以“引进来”，也能“走出去”。而营造好的省运氛围，发动全民参与，就离不开户外广告的宣传。所以**“齐心办好省运会，携手共建新遂宁”“点燃运动激情，放飞绿色梦想”**诸如此类的宣传语几乎随处可见。这些富有特色的广告语，也体现着遂宁的城市个性。

（二）经济角度

遂宁市近年来经济发展状况良好，整体呈现平稳增长且主要经济指标增速保持较高的运行态势。经济转型、结构调整、绿色发展是必须要面临的课题。遂宁市政府针对这些方面推出了宣传语，且以长句为主。如**“深入开展党的群众路线教育实践活动，为全面推进‘六大兴市计划’凝心聚力”“创建全国文明城市，推动遂宁科学发展”**等。

（三）环境角度

遂宁作为一个环境质量较好的宜居城市，政府对环保的呼吁力度也不小。早在2012年，在巴西里约热内卢举行的联合国可持续发展大会的专题会议——全球电动绿色出行论坛暨可持续发展会议上，遂宁市就被正式命名为“全球绿色城市”。据《2014年度遂宁市质量状况分析报告》显示，2014年遂宁市在空气质量有效监测的361天内，空气质量优良的天数超过了300天，优良率近90%。这个环境优美的绿色城市，离不开政府对环境的保护。呼吁环保，创建文明城市的宣传语也能看见不少，如**“争创全国文明城市，营造良好发展环境”“携手节能低碳，共建美好家园”**等。

四、遂宁市户外广告语言中存在的问题

遂宁市户外广告语言中也存在一些问题：如有些广告语过分夸大产品功效，欺骗消费者；有些则表意不明，误导受众；甚至有一些广告语宣扬的价值观也存在偏差。

【1】**阳光整形　整成公主都行**（整形医院）

说明：出身好坏并不能决定美丑，身份高贵的人并不一定美丽，贫穷的人也不一定丑陋，这则广告容易对人的价值观产生不良的影响。建议把“公主”改成四大美女中的一人（西施、貂蝉、杨贵妃等）可能会取得更好效果。

图 4–10　整形医院广告

【2】**一线江景，此生不可再有**（楼盘广告）

说明：这则楼盘广告过分夸张了，“此生不可再有”太过绝对。这则广告虽然比较吸引人，但也有欺骗消费者的嫌疑。建议把“不可再有”改为“不容错过”。

图 4–11　楼盘广告

【3】**喜盈门盛大开业，送房子送车子送金子**（品牌广告）

说明：这则广告具有一定的欺骗性，因为此类商业运作已经违反了常理，虽然可能会吸引一部分人去咨询，但却不一定能吸引人去消费。

图 4–12　品牌广告

【4】喝富硒啤酒，健康伴你走（富硒啤酒）

说明：过量饮酒有害健康这是常识，少喝可能会有益健康，这则广告语有欺骗消费者之嫌。

图 4–13　富硒啤酒广告

【5】遂宁心　万达造（品牌广告）

说明：这则广告有抄袭格力空调广告语“好空调，格力造”的嫌疑。这里的“心”

是想要表达的是“中心”的意思，但很容易让人理解为“心脏”的意思，从而导致受众误解这则广告的意思。

图 4–14　品牌广告

【6】人人都是东道主　我为省运做贡献（省运宣传）

说明：这则广告语读起来太过平淡，没有气势。建议加一句再略作修改形成排比的句式，或者让两句句尾押韵，这样会显得更加朗朗上口。

图 4–15　省运宣传广告

五、遂宁地区户外广告语言良性发展的对策

前文对遂宁市户外广告现状的分析，以小见大，从局部观整体。我们既能看见一些优秀的广告语，极具特色和吸引眼球；也能看到一些较为普通的广告语，偶尔有人驻足看看；还有一些比较拙劣的广告语，几乎没什么宣传效果，其产品也几乎无人问津。

随着遂宁城市化进程的加速，发展带来的意义不仅仅体现在城区范围的扩大、基础设施数量的增加上，更为关键的还是要改善城市人居环境，提升城市整体文化品位，塑造鲜明的城市特色。城市特色是一个城市存在与发展的强大动力，它是通过对本土自然和人文资源内涵的深入挖掘才能体现出来的。而遂宁市的户外广告发展也应与塑造城市的特色紧密挂钩。作为中小城市的代表——遂宁，不仅是驰名中外的“观音故乡”，同时也是一座非常有旅游内涵的城市，拥有广德寺、灵泉寺、中国死海等众多著名的旅游度假风景区。课题组建议，遂宁市的户外广告发展重点可以着眼于“观音故乡”和旅游这两个点。由此出发，发挥城市特色的优势，主动“引进来”，积极“走出去”，能更好更快地发展。

首先，作为城市名片的观音故里，宣传工作做得并不够到位。除了遂宁本地人，部分四川人知道以外，外省人少有听闻。同样作为观音故里的河南平顶山，全国的知名度比遂宁要高得多（注:观音故里不止一处）。所以,增加宣传“遂宁是观音之乡”的广告数量是很有必要的，以此做好广告宣传，增强人们的文化认同感，营造良好的城市文化氛围，从而促进城市的发展。

其次，注重旅游资源的宣传力度。很多外地人都知道中国死海在大英，但是知道大英属于遂宁市的人恐怕不多。说到好山水，人们一下就想到了桂林；而说到中国死海，人们却不一定能想到遂宁。如何把中国死海、广德寺、灵泉寺这些旅游景区打包宣传成为遂宁的城市招牌，是遂宁市户外广告发展研究的一个重要方向。充分利用旅游资源，将旅游景点作为打造城市户外广告宣传的侧重点，让户外广告更好地融入到城市环境之中，在体现地域特色的同时，也能提升整个城市环境的文化品位。

第五章　重庆城区户外广告语言与地方文化

重庆是中国著名历史文化名城，有文字记载的历史就有 3 000 多年。1189 年，宋光宗赵惇先封恭王再即帝位，称为“双重喜庆”，重庆由此得名。1891 年成为中国最早对外开埠的内陆通商口岸，1929 年正式建市，抗日战争时期定为国民政府陪都。重庆形成的“红岩精神”，是我们国家和民族的宝贵精神财富。民盟、民建、九三学社和民革前身之一的“三民主义同志联合会”均在重庆成立。中华人民共和国成立后，先后为中央直辖市、四川省辖市、国家计划单列市。1997 年成为我国第四个直辖市。

重庆是中国中西部唯一直辖市，国家重要中心城市，长江上游地区经济中心，国家重要的现代制造业基地，西南地区综合交通枢纽，全国统筹城乡综合配套改革试验区。直辖以来，重庆经济社会发展取得显著成就。老工业基地改造振兴步伐加快，形成了电子信息、汽车、装备制造、综合化工、材料、能源和消费品制造等千亿级产业集群，农业农村和金融、商贸物流、服务外包等现代服务业快速发展。以交通为重点的基础设施建设成效明显，建成“二环八射”高速公路网和“一枢纽六干线二支线”铁路网，基本实现“4 小时重庆”“8 小时周边”。继上海浦东新区、天津滨海新区之后的国家级新区——两江新区开发开放全面推进，两路寸滩保税港区、西永综合保税区、团结村铁路口岸成为内陆重要口岸，以长江黄金水道、渝新欧国际铁路联运大通道等为支撑的“一江两翼三洋”国际贸易大通道骨架基本形成。民生不断改善，教育、医疗、文化、社会保障等各项事业全面进步，生态环境建设持续加强。三峡百万移民搬迁安置任务圆满完成，库区面貌发生显著变化。

重庆辖区面积 8.24 万 km^2，辖 38 个区县（自治县）。户籍人口 3 371 万人，常住人口 3 017 万人，城镇化率 60.9%。有土家族、苗族等少数民族人口 200 万人。山地占 76%，有“山城”之称。属亚热带季风性湿润气候。长江横贯全境，流程 679 km。有长江三峡、世界文化遗产大足石刻、世界自然遗产武隆喀斯特和南川金佛山等壮丽景观。

直辖以来，重庆经济社会发展成就显著，产业结构调整取得积极进展，老工业基地焕发生机活力，农业农村和现代服务业发展水平大幅提升，基础设施建设明显提速，内陆开放格局基本形成，三峡百万移民搬迁安置圆满完成，各项社会事业全面进步。

特别是党的十八大以来，在以习近平同志为核心的党中央正确领导下，市委、市政府团结带领全市人民，协调推进“四个全面”战略布局，谋划实施五大功能区域发展战略，坚持发展是第一要务、民生是第一目标、稳定是第一责任，各项事业取得新进展。主动适应经济发展新常态，推进经济结构转型升级，加快转换发展动力，汽车、电子信息、装备制造、消费品制造等支柱产业发展壮大，战略性新兴产业蓬勃发展，经济发展质量和效益明显提高。基础设施建设进一步加快，建成“二环十射”高速公路网和“一枢纽八干线”铁路网，港口年吞吐量 1.6 亿 t，江北国际机场年旅客吞吐量超过 3 200 万人次。内陆开放高地加快崛起，构建起航空、铁路、内河港三个交通枢纽，三个国家一类口岸，三个保税监管区“三个三合一”开放平台，以长江黄金水道、渝新欧国际铁路等为支撑的开放通道全面形成。①

一、重庆户外广告及其语言应用基本情况

广告作为一种媒介语，总是通过各种渠道广泛而公开地向公众传播着信息，而其中最直接重要的部分，就是语言的运用。语言运用的好坏关乎着广告的质量，广告语作为一种运用语言，既是一种营销工具，又是文化的载体和中介，既是生产和消费的桥梁，也在传达思想，引起共鸣。所以，深入挖掘精神内涵，正确使用文化符号，是广告语言运用的关键。本章以重庆地区的广告为例，从中观察户外广告中的语言运用。着重研究具有重庆特色的户外广告。而这部分户外广告，经过对比划分，大致可以分为三类。

一是以地理标志为特征的广告，分别体现在餐饮、食品与旅游的广告宣传中，如**“万州烤鱼”“武隆羊肉庄”**。万州和武隆，都是重庆具有特色的地区；而**“山城啤酒”**广告则是对重庆整个山城地形特色的截取应用。再如，**“武隆天坑”“巫山红叶”“酉阳桃源”**的旅游广告，毫无疑问，都是地理特色式的宣传广告。

二是以人名作为标志的广告，特别突出运用在餐饮、食品方面。如，有名的**“陈昌银麻花”“刘一手火锅”“廖记棒棒鸡”**等，都是以人物的名姓或外号直接作为招

① 重庆市政府网 http://www.cq.gov.cn/cqgk/82835.shtml.

牌进行的一种广告宣传。并且，这种以人名为特色的广告形式已经发展成为重庆许多特产风物的代表，成为重庆特色的代言。

除此之外，最为明显和特色最为突出的就是第三类——将方言运用到广告宣传中，特别体现在餐饮和文化宣传广告中。如一些饭馆取名为**“将就点”“有盐有味”“灯儿晃小面”**等。并且，在地方文化展示型的文化广告宣传中，方言作为重庆的一个特色，在机场车站也设有专门的广告牌对**“重庆言子”**进行宣传解说。重庆的广播电视领域也注重方言的运用，如 1997 年被渝、川人们熟知热播的《山城棒棒军》，以及后来的《老坎客栈》等，都是以重庆方言作为交流语言，在演绎重庆大众群体生存状态的同时，也扩大了重庆方言的影响力。一直到现在，不仅重庆地方台有方言节目和广告，在面向社会大众的公众推广平台上，方言式的广告语言也是得到了充分的运用，如“这里是重庆”的微信推广平台，“吃在重庆”的微博推广平台等。一些方言词汇现在甚至已经融入了普通话词汇当中。

二、重庆户外广告语言与地方文化应用

以地理、人名、方言等作为载体进行广告宣传的形式在我国其他地方也有运用，但是相比其他地方零散地分布，重庆将这种形式更加系统化、特色化了。由此，我们可以在这三种具有特色的广告中发现，虽然重庆在今天已经有了较重要的经济地位和实力，而体现城市整体实力和特色的户外广告的形式却是比较单一、简明。从文化层面上讲，这也蕴含了当代重庆人的性格与心态。

直接运用地名和人名的广告形式虽然并不出彩，但却透露出了重庆人的朴实与耿直。从另一个层面看，经济的提高与发展，提高了人们的生活水平，伴随而来的还有人们对自我成就、自我实现的渴望。把自己的名字作为招牌进行广告的宣传，便是这一点的直接体现。与此同时，不论是餐饮方面，还是带有地理标志的广告，如“两江源串串香”“重庆三峡银行”等，也体现出了重庆人的地域自豪感，体现了他们对本土文化的认同，传达着身为重庆人的自信。

对于重庆广告中具体运用到的广告对象，不论是方言、地名，还是文化标志，其背后都有着一定的文化历史背景。那些让重庆人津津乐道的户外广告，背后包含了深厚的地域文化。

（一）码头文化

重庆建城始于秦惠文王更元九年（公元前 316 年），张仪入蜀灭巴，始筑江州城。到南宋取“双喜重庆”之意始称为“重庆府”。

重庆处于长江上游，在长江与嘉陵江汇合处，自古以来就是西南部水路交通要地。清光绪十六年（1890 年），中英签订《烟台条约续增专条》，重庆开为商埠，重庆的水运地位得到了进一步的提升。水域的通达，带给了重庆发展的动力，使曾经落后的重庆经济得到了快速的发展。所以说，重庆是一个因码头而生的城市，“江”是这里的特色，伴江而生的“码头文化”，代表着重庆历史文化的根源。在今天，重庆的发展依旧离不开码头，重庆人依旧对码头有深深的情感。所以，一些行业的广告，往往会抓住重庆人的心理，对码头文化进行挖掘运用。如金科国际的一则楼盘售卖广告，直接以“皇家码头”作为招牌，称此楼盘为“一线江景名邸”。“码头”和“江景”就成为了广告宣传运用的核心，充分体现出了码头文化的影响。与之相应的，还有运用在餐饮方面的，如“重庆酒码头老火锅”“临江门码头火锅”等。除此之外，游船旅游业作为码头的直接产物，广告更离不开码头文化了。重庆朝天门码头的“两江夜游”成为游船广告的代表。

（二）山城文化

连绵起伏的丘陵地形，使重庆成为了一座依山而建的城市，被人们称为“山城”，“山城文化”就是在这样一个地理背景下产生的。有关“山城文化”的广告有很多，如“山城啤酒”“山城汤圆”“山城干锅”等一系列以山城作为特色的美食宣传，使得“山城”成为了重庆最为突出的特色。“山城文化”是重庆人民性格、精神的代表。

在经济不发达的年代，山地的地形不仅造成交通不便，而且高低不平的地貌、较为贫瘠的土地，还使生产力大大受到了限制，再加上众多的人口，重庆人民只能用更多的劳动与力气去换取生存的物资。比如，富有特色的“山城棒棒军”就是“山城文化”中的一部分。他们是在重庆近代兴起的用棍棒帮人运送行李货物、出卖苦力的一个劳动群体。他们大多是来自于农村的农民，为了维持生计，选择外出谋生。虽然伴随着经济的飞速发展、交通科技的进步，导致这个群体正在快速地消失，但是他们拾阶而上的身影，他们在山路间留下的勤劳、朴实的脚印，吃苦耐劳的品质，已经形成了广大重庆人民的集体精神记忆。

到今天，即使在最繁华的街道，我们也可以看见摆摊的小贩，还有那些在夜市中，为了生计而不眠的摊贩，在那些肩上挑起的担子里，仍保留着这样一份精神。这就是“山城文化”的真正内涵。而关于“山城”的户外广告恰恰契合了重庆人对历史的回忆，对精神的回归。

（三）饮食文化

重庆的气候常年温和湿润，多云雾，且潮湿，因此驱寒除湿便成为当地人们生存必须要解决非的首要问题，由此发展出来的饮食习惯便是偏于味重的“麻辣”口味，既能驱除湿寒，又能开胃。重庆广告最多的美食非“重庆小面”和“麻辣火锅”莫属了。如“舌尖上的小面”“德庄火锅”“重庆小天鹅火锅”等，都十分具有代表性。甚至火锅底料还作为商品在超市店铺及“火锅底料专卖店”中出售。由此可见火锅的地位非同一般，“火锅文化”成了重庆饮食文化的重要代表。

火锅的历史可以追溯到很远，但“麻辣火锅”的兴盛确实在重庆。虽然对于麻辣火锅的具体来源有很多不同的看法，但其中流传甚广的一种看法是重庆麻辣火锅起源于明末清初的嘉陵江畔，劳动的船工和街边劳力粗放式餐饮方式“水八块”。具体来说就是把牛的下杂分解，在滩边的泥炉上用砂锅盛上麻辣的汤汁，边烫边吃，既经济实惠又满足了生理的需要。经过代代美食家的改良，麻辣火锅逐渐演变，成为了今日重庆大众餐桌上一道重要的美食。在重庆的街头巷尾，店铺琳琅，形成了独特的“火锅文化”，成为城市饮食文化的独特名片。因此，关于火锅的户外广告也就成为了一种地方特色，得到了大量的运用。

（四）方言文化

重庆方言属于西南官话。除了语言系统受历史上湖广填四川等移民方言的影响外，词汇系统还深受“袍哥语言”这种社会方言的影响。

袍哥是清末民国期间川渝地区盛行的一个民间帮会组织，也叫哥老会。当时的四川、重庆袍哥会有相当数量，因此其对社会生活产生的影响也十分深刻。而对方言的影响体现在，许多当时帮会中的黑话、隐语，一直被沿用，融入了日常生活方言中，成为了重庆方言重要的一部分。如重庆方言中的“扎起”（大力相助或袒护）、“搁平”（把事情处理好）、“点水”（出卖同伙）等都源自袍哥帮会语言。“袍哥文化”也因其巨大影响力，成为了重庆的地方文化特色。今天重庆的朝天门码头就有一家火锅店，取名“袍哥码头火锅”。

另外，重庆方言经过长期的发展变化，在经历了市井文化的淘捡筛选后，形成了今天所谓的“重庆言子”。“重庆言子”具有诙谐幽默的特点，运用到户外广告中，既能使语言更加生动活泼，又能充分展现本土文化；既便于同一文化背景下的消费群体的理解，达到审美情趣的一致，增强亲和力，又能通过有趣的方言引起外来消费群体强烈的好奇心，增加消费的动力。

当然，在广告语言运用中起作用的各种文化并没有明确的分界线，它们往往是相生相衍，共同交融，相互影响。如“临江门码头火锅”是码头文化与火锅文化的叠加，“袍哥码头火锅”是袍哥文化、码头文化与火锅文化的叠加，“重庆崽儿火锅”则是方言文化与火锅文化的叠加。

总之，以地理、人物和方言为主要运用特色，以码头文化、饮食文化、山城文化、方言文化等为主要载体的广告语言是重庆特色广告的主要特点，重庆广告中的语言运用都是在此基础上进行的，并在此基础上打造出了具有重庆城市文化灵魂的广告语言宣传方式，为城市的文化发展增加了新的活力与自信，共同构筑了重庆广告的新面貌。

三、重庆户外广告语言运用的现状分析

虽然重庆富有特色的户外广告体现出了重庆的文化特点与内涵，但同时，通过对户外广告语言运用的总体分析，我们不能否认其在创作过程中优劣并存。重庆地区的户外广告在语言运用上，有如下几个优点：

（1）选取的语言运用对象具有特色和代表性，善于发挥本地特色。如“山城汤圆”“鬼城（丰都）鸡块”。

（2）具有地理性、人文性特色。重庆的广告直接将地名和人名用作广告和宣传，注重地域自豪感和个人价值的表达。如“江津白酒”“刘一手火锅”。

（3）注重语言背后文化的保护和挖掘。对具有特色的文化集体进行传承和运用，如“码头文化”“火锅文化”“袍哥文化”，在广告中的大量体现。

（4）方言的运用。利用方言进行户外广告的宣传，体现了语言运用的创新性，既是对方言的发扬，又起到了传承的效果。

但是尽管如此，经济的飞速发展，城市化的不断扩张，还是客观上对地方文化造成了冲击。这对户外广告的语言运用造成的影响表现在：形式越来越雷同，手法越来越单一，缺乏创新性。久而久之，户外广告就难以表现出特有的地域审美趣味，走上普遍化、简单化的道路。

富有重庆特色的户外广告形式虽然以简单明了的形式来传达着地方特色，表现了重庆性格中朴实耿直的一面，但是过于简明就使广告显得寡淡无味，看得多了，难免产生审美疲劳。因此，如何运用丰富的文化背景和多样的语言手段创造出更加丰富的户外广告，传达出社会价值和地域文化，是重庆户外广告发展面临的一大难题。

图 5–1　山城啤酒

图 5–2　青一色火锅底料

第六章　重庆户外广告语言与社会人文

随着科技的进步和信息传播产业、商业经济、商业生产的飞速发展，广告在经济传媒中逐渐占有越来越重要的地位。在我国，广告如今已经渗透到人们生活的各个领域，无时不在，无处不在，发挥着越来越重要的作用，愈发彰显出其自身价值。可以说，现代人生活在广告的海洋里。广告所采取的形式多种多样，如声音、图画、图像、音响、文字、语言等，但不管广告的形式如何变化，其最根本的诉求手段仍旧是语言。广告语言是语言和经济具有特殊意义的结合，集经济价值与艺术价值于一身，形成了一种鲜明独特的语言形式和文体风格，是广告的支柱和灵魂。没语言就难以简洁地描绘商品的形象和色彩，难以表现商品的品质及其特点，使消费者过目不忘。因此广告语言是广告的一个重要组成部分，是广告得以生生不息的生命源泉。正是因为广告语言有这样的特殊性，人们对它的关注和研究也越来越多。

一、户外广告中蕴含的历史、民俗文化因素

广告创作与民俗文化结缘，使广告从产生的那一刻起，就产生了与民俗文化的紧密关系。这是民族的文化、思想和情感的物化，也是一个民族历史和文化的积淀。所以，无论是其创作过程还是信息传播过程，广告都不可能脱离于民俗文化。因此，广告创作与民俗文化结合是一个必然的要求，摆脱民俗文化的广告会成为无本之木，失去其生存的条件。

（一）民俗文化的特征

民俗文化作为人们在社会生活中共同创造的、广泛流传的意识形态，较之主流文化，更具凝聚力、感染力、渗透力，具有其他文化形态难以替代的作用。民俗文化，即民间风俗文化，是一个地域民族或族群在自己的历史发展过程中逐渐形成、反复出现、代代相习的文化现象。它与人们的日常生活紧密相关，体现了人们日常生活的行为规范、道德伦理、认知方式和思维模式，是以口头、风俗或行为等形式创造

和传播的文化现象。

（二）民俗文化对广告受众心理的影响

民俗是一个民族文化的支柱，是民族文化的根，它靠口头和行为传承，是经过时间的打磨、人心的考验才得以流传至今。正是这样的打磨，才让它成为民族凝聚力的桥梁。因此，民俗文化形态下所形成的民族情感，对广告的创作与接受起着至关重要的作用。广告要提高水平，并且适应受众的接受心理，就要在民族情感、思维方式、审美情趣等方面迎合受众的文化口味，符合他们自己的文化习俗，从而达到有效的文化沟通，保证广告信息的有效性，反之则会遭到排斥。在重庆，民俗特色可谓是处处都有体现，处处都能体味到独属于重庆的文化传承，例如：

【1】**清一色，给最美天秤的礼物。**（青一色火锅）

【2】**打望美女火锅；火锅美女醉重庆**（打望火锅）

【3】**登梼　霸道　提劲　冒皮皮　猫剎　惊抓抓　下课**（重庆轻轨车站标语）

【4】**码头会，聚天下可聚之人**（码头会餐馆）

重庆轻轨站内部贴上的具有地方特色的标语“登梼　霸道　提劲　冒皮皮　猫剎　惊抓抓　下课”，这些标语在人员大量流通之处，对于使用相同方言的重庆人来说会产生亲近感，对于外地的人员来说，这是新奇的词汇，是代表重庆独有的魅力色彩的词汇，新奇的词汇吸引着外地人去尝试学习方言，了解文化，直到融入当地的大环境当中。“码头会，聚天下可聚之人”（餐馆标语），蕴含了重庆特有的码头文化。自古以来，重庆就因处于长江、嘉陵江两江交汇之处，水深浪平，是天然港口。有港口就有码头，船来人往，成群结队的搬运大肩挑背扛，喊着响亮的号子，这座城市孕育的独特码头文化久而久之便闻名起来。正是因为独特的码头文化，才促使商家产生特有的重庆广告。

这些广告利用消费者、本地外地人的民俗情感，从感性意义出发，使具有特色的广告标语深入人心，使有共同文化背景的人们很容易从情感上接受。

（三）民俗文化是广告创意的切入点

在广告界，“创意”是非常重要的词汇，具有非常崇高的地位。广告作为一种文化现象，常常具有鲜明的文化特性。一个好的广告创意常常扎根于民俗文化的土壤，用最纯朴的民俗语言穿透潜藏在人类的记忆深处的“民俗记忆”，从而达到被消费者快速适应接受的效果。重庆自古以来就是一个有深远文化史的城市，民俗文化有着深厚的积累，才使得当地的广告创意得以广泛开发用。例如：

【5】**重庆怪味胡豆，酥脆，麻辣，鲜香**（重庆怪味胡豆）

【6】**陈麻花**（重庆麻花）

怪味胡豆品牌“蝶花”老字号由熊荣成和他夫人最初于19世纪20年代在重庆北碚创办。熊荣成和他夫人制作的挨刀胡豆、油炸胡豆、油炸花生引得人们争相品尝。由于胡豆颗粒壮似桑葚，色泽滋润，香甜酥美，麻辣咸舒适爽口，品尝时除直观感外，还有美妙的想象之味，奇趣多多又相得益彰，因此而得名怪味。除此之外，在清朝末年，古镇陈麻花凭借其独特的口味，选料上乘，采用全手工制作，具有香、酥、脆、爽，久放不霉等特点，便其在巴渝大地流传开来。

正是由于怪味胡豆和陈麻花有深厚的历史文化，是受重庆人民深深喜爱的传统名小吃，在重庆人民心里占据了很重要的地位，所以，广告在语言选择上就从怪味胡豆和陈麻花的民俗文化入手，使他们的广告更容易被重庆人民接受。事实也证明，怪味胡豆和陈麻花这两样重庆名小吃也流传于重庆的大街小巷，经久不衰。

二、户外广告中蕴含的地理、地貌因素

俗话说“一方水土，养一方人”，在长期的历史文化发展中，由于生存环境的差异，各地自然而然的形成了自己独有的风土人情。广告作为社会文化的重要组成部分，不可避免地也会受到影响。而重庆，因为独特的地理地貌，也形成了它特有的文化，在广告中也有明显的体现：

【7】**山城啤酒　知心朋友**（山城啤酒）

【8】**亲朋好友品得火辣，心满意足留香回家！**（火锅店）

重庆市区在中梁山和铜锣山之间，嘉陵江和长江流经的河谷、台地、丘陵地带。城市依山而建，道路高低不平，建筑错落有致，因此别称山城，是我国最大、最著名的山城。张之洞曾吟咏重庆：“名城危踞层岩上，鹰瞵鹗视雄三巴。”也有歌为凭：“山高路不平，好个重庆城。”正是因为重庆城是一个山城，才催生了“山城啤酒”这个品牌，而它的广告词就是“山城啤酒　知心朋友”，在这个广告词当中，把“山城”放在了句首，让人们一目了然，可以第一时间知道这是独属于重庆的民俗文化，但是，这里不仅体现了民俗文化，其中还以情动人，用朋友之情感动消费者，喝酒的都是知心的朋友。在重庆这么一个热情的城市，出去聚餐吃饭怎么能没有啤酒，怎么能没有体现兄弟姐妹情深的山城啤酒呢。

重庆是一个重工业发达的城市，早期污染性较强的工业大量发展，造成重庆雾霾影响非常严重，所以被称之为“雾都”。另外，重庆气候本身特别潮湿，这种湿气长年不散，导致重庆人喜欢用麻辣来驱走体内的寒气。辣椒、花椒等辛辣食品的摄入，容易引起人体排汗，人体内的毒素或湿热也随着汗液而排出体外了。而麻辣火锅正是麻辣味的最重要聚合方式，既经济实惠，也符合当地人的口味需求。于是，火锅成了重庆标志，成为了重庆人的骄傲。“亲朋好友品得火辣，心满意足留香回家！”“火辣”不仅指的是重庆的火锅是火辣辣的，也暗示重庆人的性格火辣辣。在重庆，去火锅店和亲朋好友吃上一顿热辣辣的火锅，是他们交流感情的重要方式。正是因为重庆这样的民俗历史因素，才常常出现类似于这样的广告，凸显了一座底蕴丰厚而又充满着神秘与魅力的重庆城。

三、户外广告中蕴含的美学

美学包括的内容很多，这里我们着重谈一下广告中的形式美学。形式美是构成事物的物质材料的自然属性及其组合规律（如整齐一律、节奏与韵律等）所呈现出来的审美特性，它主要表现为语言结构的整齐对称美和音韵的和谐之美。王力先生曾经指出：“语言的形式之所以能是美的，因为它有整齐的美、抑扬的美、回环的美。”广告语言运用得好，不仅能起到宣传产品（商品）的作用，给人以功利的诱惑，还能产生艺术魅力，给人以美的享受。好的广告语从内容到形式必然都是美的。

（一）对称美

语言表达上的对称是指以某一句中标点（主要是逗号）为中心点，它前后的两个语言片断结构相同相近，长度相等，即小句的音节数相等，念起来朗朗上口，给人以对称、整齐的美感。例如：

【9】**满口舌之欲，赏丝竹之乐**

【10】**品味上乘美食，享受一流服务**

【11】**活力奔腾亮山城　品味时尚耀香江**（重庆商业广告）

这三则广告的上句和下句字数都是一样的，每个词语在结构上基本上能对齐，这就是运用了“对偶”的修辞手法来创作广告，就像“品味上乘美食，享受一流服务”，“品味上乘”和“享受一流”相对，“美食”和“服务”也是相对应的。正是由于它们结构上的完整，让人们看到的时候能在第一时间有一个整体的印象，并且在瞬间记忆中认为这是一个有内涵有美感的广告，使消费者产生好感。

（二）参差美

广告语除了运用“整句”，即结构相同的一组句子（对偶、排比），还大量使用“散句”，即结构不同、长短不齐的一组句子。

【12】**现炒现制，可以带走的味道**（重庆老火锅底料）

【13】**毛凉粉，重庆小吃一绝**（毛凉粉）

【14】**精品典范、性价比高，先装修、后付款！**（重庆家圆装饰）

整句和散句各有好处。正如金兆梓所说：“偶句（整句）之妙在凝重，奇句（散句）之长在流利。”“然叠用偶句，其失也单调而板滞；叠用奇句，其失也流转而无骨。”因此，“必也参互错综而用之，则气振而骨植，且无单调之病，而有变化之妙。”整句、散句“参互错综而用之”，放在广告创作上，就形成了广告语言的参差美。其修辞效果是能使语句灵活自然，富有变化，避免单调呆板，散句能使语气舒卷自如。

（三）音韵和谐

中国人在文化上比较注重和谐，以对称为美。因此，语言表达中音节匀称、平仄协调、音韵和谐的形式就很受人欢迎。人们在使用语言的过程中很讲究音律美，这与汉语的语音特点是分不开的。汉语是声音与意义的结合，声音配合得好，就会有助于意义的表达。即声调的变化和音节长短的配合，使它富于音乐性，更能清晰地表达出效果。一则广告要想尽可能地吸引消费者，就不能不重视语言的音律美。好的广告语，悦耳动听，易于记忆；不好的广告语，声音拗口，难以流传。借助和谐的韵律使广告语言朗朗上口，给人留下深刻的印象，是提高广告效果的重要手段。商家总是希望通过具有听觉美感的语音形式，使受众在有效感知广告信息的同时，产生愉悦的心理体验。他们利用押韵、谐音、叠音来达到效果。例如：

【15】**重庆艺术棉花糖，好吃好看好漂亮**（重庆艺术棉花糖）

【16】**鲜花还需绿叶扶，城市更需市民护**（重庆街道环保广告）

【17】**我是江小白，生活很简单**（重庆江小白白酒）

在这些广告当中我们可以看到，“重庆艺术棉花糖”中的“糖”与“好吃好看好漂亮”中的“亮”，这两个字的读音是押韵的，读起来朗朗上口，也能够让人快速地记忆，给人留下一个深刻的印象，这也是许多广告采用押韵的原因。另一句“鲜花还需绿叶扶，城市更需市民护”，在押韵程度上更加优秀，“绿叶扶”“市民护”，也很好地体现了这一则广告想要表达的主题思想，从侧面说明但是又很明确地表示，市民需要保护环境。

四、户外广告中蕴含的人物心理因素

广告想要吸引消费者的注意和提升消费者购买欲望，达到推销产品的目的，必须了解消费者的需求心理，才能制作出好的广告。真正有价值的广告会以情动人，讲究情感倾诉和表达，撇开产品的具体特征，对人“动之以情”，诱发购买动机。消费者往往会受到暗示而动情，受情绪的影响和支配而采取行动。通过对消费者情感层面的劝服来达到广告传播目标。广告同时又是消费者了解商品的重要途径，一个广告如果能抓住消费者的心理特点，进行心理需求策划，研究消费者的心理活动规律，就能达到预期的广告效果。

随着科技的发展，同类产品之间的差异越来越小，很难在不同品牌的商品上找到实质性的差异。这时候，广告创作者往往会在消费者的心理感受上下工夫，例如满足感和成就感等。尊重需求就随之而出。所谓的尊重心理是指人人都希望自己有稳定的社会地位，要求个人的能力和成就得到社会的承认。所以，有些消费者购物时，主要出发点是购买“荣誉”“地位”，这是一种炫耀的消费。只要是感觉到尊贵，则不计价格，想方设法也要买到，以满足其虚荣心。因此，一些广告语中常常用到“高雅”“高贵”“名流”“气派”“最好”“成功”等字眼，以吸引消费者。例如：

【18】**追求卓越，只为您的尊贵生活。**（重庆火锅店）

【19】**金色品质，尊贵享受**（重庆火锅店）

【20】**品味尊贵生活**（重庆某装饰公司）

【21】**真源·珍品·尊生活**（重庆奶牛梦工厂）

这几则广告，出现的最多的词汇就是“尊贵”，从心理上满足了消费者追求高人一等的感觉，实现了他们的心理需求。

自古以来，中国人的传统美德就是勤俭节约，这是我们传承了上千年的美好品德，因此，追求实惠、利益最大化成为了永恒不变的道理，这也导致了求实心理。

例如：

【22】**从信性比出发，让您放心、省心、安心！**（重庆易枫装饰工程有限公司）

【23】**时尚的设计，实惠的价格**（重庆尚然装饰）

【24】**方兴·金茂悦 10 元买房**（重庆方兴地产）

【25】**金科房打包买**（重庆金科房产）

这几则广告中，“从信性比出发，让您放心、省心、安心！”提到了“性价比”，“时尚的设计，实惠的价格”出现了“实惠”，“方兴·金茂悦10元买房”打出了“10元买房”的旗号，“金科房打包买”更是“打包”出售，无疑，这4则广告都凸显出商家给出了实惠的信号。勤俭节约，即形容工作勤劳，生活节俭。对大众而言，总是会被“便宜”“实惠”所吸引，才出现了这些针对带有求实心理购物的消费者需求的广告，这是市场的诉求所在。从受众的心理因素来看，广告要想对受众起到良好的劝导效果，必须符合受众的心理需求。

另外，户外广告本身也良莠不齐，比如在电线杆上、路边的隔离墙上、居民的居住房上的小广告，充斥着我们的生活。这些小广告只重量，不重质，语言直白，没有文化性。它们的存在不仅不是一种美，反而对城市形成了污染，是一种泛滥化，容易引起人们的厌恶，不符合受众的心理需求。因而不管广告的形式如何改变，它的根本要求还是创作中语言的运用要令人接受、令人愉悦。

广告充斥在我们身边的各个角落，而每一个好的广告，都有它自身存在的理由。一个广告如果能吸引消费者的注意和购买欲望，达到推销、宣传产品的目的，那么就有他本身的魅力与特色。重庆广告的特色鲜明，在广告语言中基本都蕴含了社会心理、价值习惯、民俗文化、审美取向、历史、地貌、传统、地理等因素，正是这些因素的综合运用，才造就了富有重庆特色的广告语言。

第七章　汉语符号系统在户外广告设计中的应用

汉语是中国境内不同民族和地区的人们进行沟通的纽带，是人们相互交流所必备的工具。汉语符号系统在语音系统、词汇系统、语法系统和修辞手法上与以英语为代表的印欧语系存在截然不同的外在形式，将其应用在户外广告的创作上，就会取得独特的表现效果。这也为设计师进行创作设计提供了创意源泉，具有美学功能价值。用理性思维来分析汉语符号系统在户外广告设计中的美学功能，有助于人们在广告设计中更深入、合理地运用汉语符号的美学特性，增强户外广告强大的创意张力与风格多变的视觉表现形式，从而达到意想不到的传播效果。

一、语音系统的特征及应用

语音是语言的物质外壳，一切语言都需要借助语音外在形式表现出来。户外广告语言也包括其中。户外广告语言中呈现出的音律美能使人感到舒服，达到增强表达的效果的目的。

（一）押韵

声母、韵母、声调是汉语音节的三个基本构成部分。这三个部分是一个不可分割的整体，既能独立使用又能相互搭配。押韵是针对汉语拼音中音节的韵母而言的，具体来说就是在上下句末尾音节的选择上，选取相同的或者相近的韵母就形成了押韵。在户外广告语的设计当中，押韵手法的使用，不但在朗读方面能够达到朗朗上口的效果，而且能够让受众在很大程度上感受到户外广告语中有节奏的、流动的韵律感，同时又能大大地提升受众对户外广告整体的好感度。

户外广告的设计中，在语音系统的运用上，有的是采取句内对称押韵，有的是采取连续两句押韵，如“法律无情人有情，人情尚需依法行”，“情”“行”押韵，押 ing 韵，见图 7–1。

图 7–1　户外公益广告图

（二）富有节奏感

汉语中的节奏是一种特有的音律和谐的表现形式。节奏的单位是音步，广告语中通过节奏的朗读停顿将语言片段分成若干部分，这些部分就组成了音步，体现出节奏明快的特点。

户外广告设计中，还有着三音节、四音节、五音节、六音节和七音节的广告语，形成了整齐的节奏感。其中三音节和四音节的广告语最为常见，四音节广告语则多形成 2 + 2 式的节奏，如“出则繁华，入则宁静”，见图 7–2。

图 7–2　房地产户外广告

此广告语音简短，读起来朗朗上口，铿锵有力，又与单个短句中的停顿有所不同，使得广告语在强硬中带有些许余音绕梁的韵味。五音节至七音节广告语音节较为冗长，在音步之间的自然组合当中突出语句的流畅感和感染力，显得和谐、悦耳。

（三）谐音

汉语的谐音是指在汉语中一个词或一句话里，用一个读音相近的语素或词语来替代原来的词语，从而增强广告的熟识度，达到一语双关的效果。使用谐音一方面可以让广告语读起来朗朗上口，另一方面可以在一定程度上能够降低受众对广告语中所涉及信息的陌生感，使广告与受众或者客户产生和谐统一的理想效果。如美的空调广告语，见图 7–3。

图 7–3　空调广告

“天赐凉机”，则是“凉”和“良”谐音，使得广告趣意横生。“良机”的意思是好机会，“凉机”则是能让人凉爽的机器，让不耐酷暑的人忍不住想买来凉快一下。

二、词汇系统的特征及应用

户外广告与其他类型的广告相比，对语言与文字有着更高的要求。户外广告要求用最简短、最精练的语言来传递出最贴近产品或服务的信息。所以，词语的选择和搭配就成为了户外广告用以传递信息流程中的重中之重，只有正确地选择和搭配词语，户外广告才能起到应当具备的效果。否则，很可能因宣传不当导致功亏一篑甚至更严重的后果。

（一）选择音节长度短的词语

在户外广告宣传当中，选择短音节词语，能使广告语富有节奏感，充满韵味，饱含气势，能有效地增强广告语的作用。如“扬清风，倡廉洁，公生明，廉生威”，见图 7–4。

图 7–4　户外公益广告

该广告语连续使用了几个单音节词语，使整个广告语的音节总数有所减少。第一则广告“受”“转”“树”都是单音节词，应用了对称的方式，使该则广告语显出简洁明快的效果。

（二）词语的超常搭配

在汉语中，词语组合成词组时既要符合语法的规则，也要符合语义搭配上的现实可能性的规则。然而，在广告语言中，我们不必墨守成规，有时候打破这些常规，反而能达到与众不同的效果。如 :“茶情！茶曲！茶人生！茶之韵体验不一样的味道！”，见图 7–5。

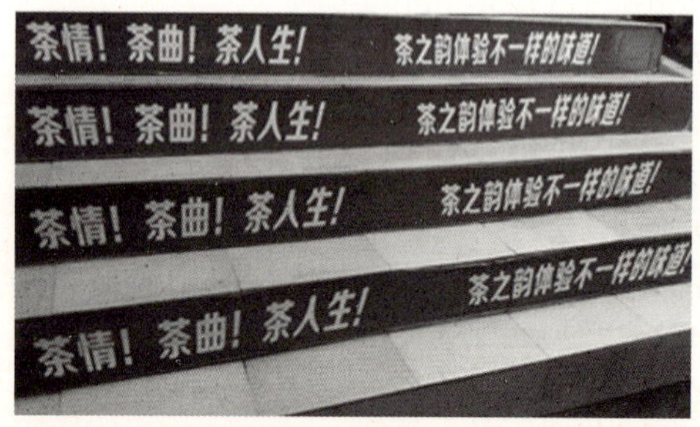

图 7–5　茶馆广告

这里有词语活用的情况。“茶”“情”“曲”“人生”都是名词。三个短句都没有出现动词，显然不符合汉语的语法规则。这里的三个“茶”字都是名词被活用作了动词，在语法上超常搭配了该词语组合。

（三）语义上的超常搭配

户外广告语言中，语义上合乎语法规则的搭配在词语之间却不一定说得通。但在大多数时候，词语之间在语义上应用超常搭配，却能达到言有尽而意无穷的效果。广告语中常用超常搭配手法，能起到常规搭配所表现不出的效果。如：“给健康加道菜，第五道菜，天地壹号。”见图 7–6。

图 7–6　保健饮料广告

这是天地壹号保健饮料的广告。“给健康加菜”让人耳目一新,这里是“健康”和“加道菜”两个词语语义上的超常搭配。加道菜就能健康，何乐而不为?

三、句法系统的特征及应用

同义句式的选择是指对内在的基本意义相同或相似，而外在的结构形式有些许不同句子的选择。对句子不断地锤炼与加工才能选择出最合适的句子，最终达到最完美的表达效果。选择不同的句式，就会产生不同效果。户外广告因其“户外”的特殊性，其被关注本身就具有了偶然性，而且被关注的时间极其短暂，所以对句式选择的要求就显得尤为严苛与关键。

（一）多用短句，少用长句

户外广告被关注的时间极其短暂，受众的关注通常只持续几秒钟时间，尤其是文字部分，通常是被忽略的部分。短句词汇少，结构简洁，将受众分析筛选信息的过程简化，能够快速且集中地将想要传达的信息传递给受众。短句的特点是简洁明快，用法灵活。由于长度有限，所以在把握词语的要求上需要更加精准，达到一针见血的效果。简短有力的短句，既要具有言有尽而意无穷的意味，又得使用得当。因此，短句就成为了户外广告语的首选。

如“无偿献血，大爱无疆”，这则宣传献血的广告。献血其实是一种利人利己的行为，献血者能通过献血刺激自身的成骨细胞增强造血功能，献出的血液也能帮助他人。与其通过大量生物知识告诉大众献血的好处，还不如这一则简单明了的广告语来得实在。又如“万象江湾，大境天成”这则广告虽然简短，但却大气磅礴，极具气势，让人眼前一亮，见图 7–7。

图 7–7 楼盘广告

（二）多用整句，少用散句

汉语当中的“整句”在结构方面具有相同或者相似、形式整齐的特征。而“散句”则相反，是形式不整齐、结构不同或不相似的句子。在户外广告语言的使用中，整句和散句的运用方法大有不同，但从目前的使用情况来看，对整句的使用频率远远高于散句。

如这几则广告：“正道正气行走天下，清廉清正幸福一生”“以服务为宗旨，待旅客如亲人”“大力开展五治工作，提升北外环境质量”。第一条是一则廉政广告，两句结构相同，是整齐匀称的整句。上下句的对称使用让语言连贯，给人留下深刻的记忆。第二条是车站的广告，整条广告语声音和谐、语言连贯、意思鲜明。第三条是一则文明创建广告，整条广告语语句顺畅自然，读起来也朗朗上口。

（三）多用口语句式，少用书面语句式

广告语言中口语句式能更贴近受众的语言习惯，使受众在舒服且明确地接受广

告的同时，又获取了广告语所包含的重要信息，从而拉近彼此间的距离。户外广告中口语化的语言能够与受众之间亲切、自然地进行互动和交流。

“便宜得，没朋友”“亲！同样优惠当然选格力”，第一则是某服装店的广告。该句广告语的正文选用了口语句式，广告语热情中带着真诚，好比商家面对面地对顾客说出的一样。第二则广告则是运用了口语句式直截了当地告诉消费者格力空调更为实惠，就像邻家妹妹的语气，让人精神轻松愉悦。

四、户外广告设计的特征及应用

视觉传达设计必须遵循美学的基本原则，同时还需要不断创新，创新是所有设计的本质需要。在视觉传达设计中，如何正确地、充分地将信息传达出来，并与美学融为一体，是每一个设计者都无法回避的问题。但是现代设计当中，仅凭借“正确”“充分”“美学”是远远不够的，必须要把视觉传达设计的表现方式、创新意识等方面作为重点，从设计理念、视觉语言、技术表现方式入手将信息以独特的方式表达出来并传递给受众。在户外广告语中，对辞格的合理运用在一定程度上能够提高广告语言的规格，生动形象地将广告内容在受众面前鲜明地呈现出来，给受众以深刻的印象。

户外美学作为广告文化的重要组成部分，需要不断地对大众的内心世界进行探索，了解受众的心理特征、价值观念。从文化角度来看，户外广告是极具有个性的艺术；从经济角度来看，它又表现出其特有的商业性。它是社会与市场、文化与艺术科学等各方面结合的产物，具有边缘特性。这种特质可以使户外美学迅速地向各个领域发展，却又会受到各个领域的抵触。边缘性特征促使进了户外广告学不断寻求独立发展的机会，希望能够通过构建一整套美学体系来获得独立的地位，将自己从其他领域分离出来。在这个喧嚣躁动的世界里，户外广告所表现出的不仅是能带给大众心里片刻宁静的静态美，而且是能带给人们心理变化的动态美，这便是户外广告美学的意境。正是这种意境，使得户外广告具有了美学价值。

结　语

信息时代的高速发展使得新媒体迅速成长并普及，由此对户外广告这一传统媒介造成的冲击是巨大的，人们的注意力开始向网络等新媒介转移。边缘化已成为户外广告宣传的危险信号，对汉语言符号系统的合理调配，复兴户外广告传播力已成为不容忽视的事情。语音系统、词汇系统、语法系统和修辞手法是汉语符号系统的主要分支，有效地运用其美学功能，对户外广告创意的张力、视觉表现力具有立竿见影的效果。

附　录

1.《中华人民共和国广告法》

中华人民共和国广告法

（1994 年 10 月 27 日第八届全国人民代表大会常务委员会第十次会议通过；2015 年 4 月 24 日第十二届全国人民代表大会常务委员会第十四次会议修订）

第一章　总则

第一条　为了规范广告活动，保护消费者的合法权益，促进广告业的健康发展，维护社会经济秩序，制定本法。

第二条　在中华人民共和国境内，商品经营者或者服务提供者通过一定媒介和形式直接或者间接地介绍自己所推销的商品或者服务的商业广告活动，适用本法。

本法所称广告主，是指为推销商品或者服务，自行或者委托他人设计、制作、发布广告的自然人、法人或者其他组织。

本法所称广告经营者，是指接受委托提供广告设计、制作、代理服务的自然人、法人或者其他组织。

本法所称广告发布者，是指为广告主或者广告主委托的广告经营者发布广告的自然人、法人或者其他组织。

本法所称广告代言人，是指广告主以外的，在广告中以自己的名义或者形象对商品、服务作推荐、证明的自然人、法人或者其他组织。

第三条　广告应当真实、合法，以健康的表现形式表达广告内容，符合社会主义精神文明建设和弘扬中华民族优秀传统文化的要求。

第四条　广告不得含有虚假或者引人误解的内容，不得欺骗、误导消费者。

广告主应当对广告内容的真实性负责。

第五条 广告主、广告经营者、广告发布者从事广告活动，应当遵守法律、法规，诚实信用，公平竞争。

第六条 国务院工商行政管理部门主管全国的广告监督管理工作，国务院有关部门在各自的职责范围内负责广告管理相关工作。

县级以上地方工商行政管理部门主管本行政区域的广告监督管理工作，县级以上地方人民政府有关部门在各自的职责范围内负责广告管理相关工作。

第七条 广告行业组织依照法律、法规和章程的规定，制定行业规范，加强行业自律，促进行业发展，引导会员依法从事广告活动，推动广告行业诚信建设。

第二章　广告内容准则

第八条 广告中对商品的性能、功能、产地、用途、质量、成分、价格、生产者、有效期限、允诺等或者对服务的内容、提供者、形式、质量、价格、允诺等有表示的，应当准确、清楚、明白。

广告中表明推销的商品或者服务附带赠送的，应当明示所附带赠送商品或者服务的品种、规格、数量、期限和方式。

法律、行政法规规定广告中应当明示的内容，应当显著、清晰表示。

第九条 广告不得有下列情形：

（一）使用或者变相使用中华人民共和国的国旗、国歌、国徽，军旗、军歌、军徽；

（二）使用或者变相使用国家机关、国家机关工作人员的名义或者形象；

（三）使用“国家级”、“最高级”、“最佳”等用语；

（四）损害国家的尊严或者利益，泄露国家秘密；

（五）妨碍社会安定，损害社会公共利益；

（六）危害人身、财产安全，泄露个人隐私；

（七）妨碍社会公共秩序或者违背社会良好风尚；

（八）含有淫秽、色情、赌博、迷信、恐怖、暴力的内容；

（九）含有民族、种族、宗教、性别歧视的内容；

（十）妨碍环境、自然资源或者文化遗产保护；

（十一）法律、行政法规规定禁止的其他情形。

第十条 广告不得损害未成年人和残疾人的身心健康。

第十一条 广告内容涉及的事项需要取得行政许可的，应当与许可的内容相符合。

广告使用数据、统计资料、调查结果、文摘、引用语等引证内容的，应当真实、准确，并表明出处。引证内容有适用范围和有效期限的，应当明确表示。

第十二条　广告中涉及专利产品或者专利方法的，应当标明专利号和专利种类。

未取得专利权的，不得在广告中谎称取得专利权。

禁止使用未授予专利权的专利申请和已经终止、撤销、无效的专利作广告。

第十三条　广告不得贬低其他生产经营者的商品或者服务。

第十四条　广告应当具有可识别性，能够使消费者辨明其为广告。

大众传播媒介不得以新闻报道形式变相发布广告。通过大众传播媒介发布的广告应当显著标明“广告”，与其他非广告信息相区别，不得使消费者产生误解。

广播电台、电视台发布广告，应当遵守国务院有关部门关于时长、方式的规定，并应当对广告时长作出明显提示。

第十五　条麻醉药品、精神药品、医疗用毒性药品、放射性药品等特殊药品，药品类易制毒化学品，以及戒毒治疗的药品、医疗器械和治疗方法，不得作广告。

前款规定以外的处方药，只能在国务院卫生行政部门和国务院药品监督管理部门共同指定的医学、药学专业刊物上作广告。

第十六条　医疗、药品、医疗器械广告不得含有下列内容：

（一）表示功效、安全性的断言或者保证；

（二）说明治愈率或者有效率；

（三）与其他药品、医疗器械的功效和安全性或者其他医疗机构比较；

（四）利用广告代言人作推荐、证明；

（五）法律、行政法规规定禁止的其他内容。

药品广告的内容不得与国务院药品监督管理部门批准的说明书不一致，并应当显著标明禁忌、不良反应。处方药广告应当显著标明“本广告仅供医学药学专业人士阅读”，非处方药广告应当显著标明“请按药品说明书或者在药师指导下购买和使用”。

推荐给个人自用的医疗器械的广告，应当显著标明“请仔细阅读产品说明书或者在医务人员的指导下购买和使用”。医疗器械产品注册证明文件中有禁忌内容、注意事项的，广告中应当显著标明“禁忌内容或者注意事项详见说明书”。

第十七条　除医疗、药品、医疗器械广告外，禁止其他任何广告涉及疾病治疗功能，并不得使用医疗用语或者易使推销的商品与药品、医疗器械相混淆的用语。

第十八条　保健食品广告不得含有下列内容：

（一）表示功效、安全性的断言或者保证；

（二）涉及疾病预防、治疗功能；

（三）声称或者暗示广告商品为保障健康所必需；

（四）与药品、其他保健食品进行比较；

（五）利用广告代言人作推荐、证明；

（六）法律、行政法规规定禁止的其他内容。

保健食品广告应当显著标明“本品不能代替药物”。

第十九条　广播电台、电视台、报刊音像出版单位、互联网信息服务提供者不得以介绍健康、养生知识等形式变相发布医疗、药品、医疗器械、保健食品广告。

第二十条　禁止在大众传播媒介或者公共场所发布声称全部或者部分替代母乳的婴儿乳制品、饮料和其他食品广告。

第二十一条　农药、兽药、饲料和饲料添加剂广告不得含有下列内容：

（一）表示功效、安全性的断言或者保证；

（二）利用科研单位、学术机构、技术推广机构、行业协会或者专业人士、用户的名义或者形象作推荐、证明；

（三）说明有效率；

（四）违反安全使用规程的文字、语言或者画面；

（五）法律、行政法规规定禁止的其他内容。

第二十二条　禁止在大众传播媒介或者公共场所、公共交通工具、户外发布烟草广告。禁止向未成年人发送任何形式的烟草广告。

禁止利用其他商品或者服务的广告、公益广告，宣传烟草制品名称、商标、包装、装潢以及类似内容。

烟草制品生产者或者销售者发布的迁址、更名、招聘等启事中，不得含有烟草制品名称、商标、包装、装潢以及类似内容。

第二十三条　酒类广告不得含有下列内容：

（一）诱导、怂恿饮酒或者宣传无节制饮酒；

（二）出现饮酒的动作；

（三）表现驾驶车、船、飞机等活动；

（四）明示或者暗示饮酒有消除紧张和焦虑、增加体力等功效。

第二十四条　教育、培训广告不得含有下列内容：

（一）对升学、通过考试、获得学位学历或者合格证书，或者对教育、培训的效果作出明示或者暗示的保证性承诺；

（二）明示或者暗示有相关考试机构或者其工作人员、考试命题人员参与教育、培训；

（三）利用科研单位、学术机构、教育机构、行业协会、专业人士、受益者的名义或者形象作推荐、证明。

第二十五条 招商等有投资回报预期的商品或者服务广告，应当对可能存在的风险以及风险责任承担有合理提示或者警示，并不得含有下列内容：

（一）对未来效果、收益或者与其相关的情况作出保证性承诺，明示或者暗示保本、无风险或者保收益等，国家另有规定的除外；

（二）利用学术机构、行业协会、专业人士、受益者的名义或者形象作推荐、证明。

第二十六条 房地产广告，房源信息应当真实，面积应当表明为建筑面积或者套内建筑面积，并不得含有下列内容：

（一）升值或者投资回报的承诺；

（二）以项目到达某一具体参照物的所需时间表示项目位置；

（三）违反国家有关价格管理的规定；

（四）对规划或者建设中的交通、商业、文化教育设施以及其他市政条件作误导宣传。

第二十七条 农作物种子、林木种子、草种子、种畜禽、水产苗种和种养殖广告关于品种名称、生产性能、生长量或者产量、品质、抗性、特殊使用价值、经济价值、适宜种植或者养殖的范围和条件等方面的表述应当真实、清楚、明白，并不得含有下列内容：

（一）作科学上无法验证的断言；

（二）表示功效的断言或者保证；

（三）对经济效益进行分析、预测或者作保证性承诺；

（四）利用科研单位、学术机构、技术推广机构、行业协会或者专业人士、用户的名义或者形象作推荐、证明。

第二十八条 广告以虚假或者引人误解的内容欺骗、误导消费者的，构成虚假广告。

广告有下列情形之一的，为虚假广告：

（一）商品或者服务不存在的；

（二）商品的性能、功能、产地、用途、质量、规格、成分、价格、生产者、有效期限、销售状况、曾获荣誉等信息，或者服务的内容、提供者、形式、质量、价格、销售状况、曾获荣誉等信息，以及与商品或者服务有关的允诺等信息与实际情况不符，对购买行为有实质性影响的；

（三）使用虚构、伪造或者无法验证的科研成果、统计资料、调查结果、文摘、引用语等信息作证明材料的；

（四）虚构使用商品或者接受服务的效果的；

（五）以虚假或者引人误解的内容欺骗、误导消费者的其他情形。

第三章　广告行为规范

第二十九条　广播电台、电视台、报刊出版单位从事广告发布业务的，应当设有专门从事广告业务的机构，配备必要的人员，具有与发布广告相适应的场所、设备，并向县级以上地方工商行政管理部门办理广告发布登记。

第三十条　广告主、广告经营者、广告发布者之间在广告活动中应当依法订立书面合同。

第三十一条　广告主、广告经营者、广告发布者不得在广告活动中进行任何形式的不正当竞争。

第三十二条　广告主委托设计、制作、发布广告，应当委托具有合法经营资格的广告经营者、广告发布者。

第三十三条　广告主或者广告经营者在广告中使用他人名义或者形象的，应当事先取得其书面同意；使用无民事行为能力人、限制民事行为能力人的名义或者形象的，应当事先取得其监护人的书面同意。

第三十四条　广告经营者、广告发布者应当按照国家有关规定，建立、健全广告业务的承接登记、审核、档案管理制度。

广告经营者、广告发布者依据法律、行政法规查验有关证明文件，核对广告内容。对内容不符或者证明文件不全的广告，广告经营者不得提供设计、制作、代理服务，广告发布者不得发布。

第三十五条　广告经营者、广告发布者应当公布其收费标准和收费办法。

第三十六条　广告发布者向广告主、广告经营者提供的覆盖率、收视率、点击率、发行量等资料应当真实。

第三十七条　法律、行政法规规定禁止生产、销售的产品或者提供的服务，以及禁止发布广告的商品或者服务，任何单位或者个人不得设计、制作、代理、发布广告。

第三十八条 广告代言人在广告中对商品、服务作推荐、证明，应当依据事实，符合本法和有关法律、行政法规规定，并不得为其未使用过的商品或者未接受过的服务作推荐、证明。

不得利用不满十周岁的未成年人作为广告代言人。

对在虚假广告中作推荐、证明受到行政处罚未满三年的自然人、法人或者其他组织，不得利用其作为广告代言人。

第三十九条 不得在中小学校、幼儿园内开展广告活动，不得利用中小学生和幼儿的教材、教辅材料、练习册、文具、教具、校服、校车等发布或者变相发布广告，但公益广告除外。

第四十条 在针对未成年人的大众传播媒介上不得发布医疗、药品、保健食品、医疗器械、化妆品、酒类、美容广告，以及不利于未成年人身心健康的网络游戏广告。

针对不满十四周岁的未成年人的商品或者服务的广告不得含有下列内容：

（一）劝诱其要求家长购买广告商品或者服务；

（二）可能引发其模仿不安全行为。

第四十一条县级以上地方人民政府应当组织有关部门加强对利用户外场所、空间、设施等发布户外广告的监督管理，制定户外广告设置规划和安全要求。

户外广告的管理办法，由地方性法规、地方政府规章规定。

第四十二条 有下列情形之一的，不得设置户外广告：

（一）利用交通安全设施、交通标志的；

（二）影响市政公共设施、交通安全设施、交通标志、消防设施、消防安全标志使用的；

（三）妨碍生产或者人民生活，损害市容市貌的；

（四）在国家机关、文物保护单位、风景名胜区等的建筑控制地带，或者县级以上地方人民政府禁止设置户外广告的区域设置的。

第四十三条 任何单位或者个人未经当事人同意或者请求，不得向其住宅、交通工具等发送广告，也不得以电子信息方式向其发送广告。

以电子信息方式发送广告的，应当明示发送者的真实身份和联系方式，并向接收者提供拒绝继续接收的方式。

第四十四条 利用互联网从事广告活动，适用本法的各项规定。

利用互联网发布、发送广告，不得影响用户正常使用网络。在互联网页面以弹出等形式发布的广告，应当显著标明关闭标志，确保一键关闭。

第四十五条 公共场所的管理者或者电信业务经营者、互联网信息服务提供者对其明知或者应知的利用其场所或者信息传输、发布平台发送、发布违法广告的，应当予以制止。

第四章 监督管理

第四十六条 发布医疗、药品、医疗器械、农药、兽药和保健食品广告，以及法律、行政法规规定应当进行审查的其他广告，应当在发布前由有关部门（以下称广告审查机关）对广告内容进行审查；未经审查，不得发布。

第四十七条 广告主申请广告审查，应当依照法律、行政法规向广告审查机关提交有关证明文件。

广告审查机关应当依照法律、行政法规规定作出审查决定，并应当将审查批准文件抄送同级工商行政管理部门。广告审查机关应当及时向社会公布批准的广告。

第四十八条 任何单位或者个人不得伪造、变造或者转让广告审查批准文件。

第四十九条 工商行政管理部门履行广告监督管理职责，可以行使下列职权：

（一）对涉嫌从事违法广告活动的场所实施现场检查；

（二）询问涉嫌违法当事人或者其法定代表人、主要负责人和其他有关人员，对有关单位或者个人进行调查；

（三）要求涉嫌违法当事人限期提供有关证明文件；

（四）查阅、复制与涉嫌违法广告有关的合同、票据、账簿、广告作品和其他有关资料；

（五）查封、扣押与涉嫌违法广告直接相关的广告物品、经营工具、设备等财物；

（六）责令暂停发布可能造成严重后果的涉嫌违法广告；

（七）法律、行政法规规定的其他职权。

工商行政管理部门应当建立健全广告监测制度，完善监测措施，及时发现和依法查处违法广告行为。

第五十条 国务院工商行政管理部门会同国务院有关部门，制定大众传播媒介广告发布行为规范。

第五十一条 工商行政管理部门依照本法规定行使职权，当事人应当协助、配合，不得拒绝、阻挠。

第五十二条 工商行政管理部门和有关部门及其工作人员对其在广告监督管理活动中知悉的商业秘密负有保密义务。

第五十三条 任何单位或者个人有权向工商行政管理部门和有关部门投诉、举报违反本法的行为。工商行政管理部门和有关部门应当向社会公开受理投诉、举报的电话、信箱或者电子邮件地址，接到投诉、举报的部门应当自收到投诉之日起七个工作日内，予以处理并告知投诉、举报人。

工商行政管理部门和有关部门不依法履行职责的，任何单位或者个人有权向其上级机关或者监察机关举报。接到举报的机关应当依法作出处理，并将处理结果及时告知举报人。

有关部门应当为投诉、举报人保密。

第五十四条 消费者协会和其他消费者组织对违反本法规定，发布虚假广告侵害消费者合法权益，以及其他损害社会公共利益的行为，依法进行社会监督。

第五章 法律责任

第五十五条 违反本法规定，发布虚假广告的，由工商行政管理部门责令停止发布广告，责令广告主在相应范围内消除影响，处广告费用三倍以上五倍以下的罚款，广告费用无法计算或者明显偏低的，处二十万元以上一百万元以下的罚款；两年内有三次以上违法行为或者有其他严重情节的，处广告费用五倍以上十倍以下的罚款，广告费用无法计算或者明显偏低的，处一百万元以上二百万元以下的罚款，可以吊销营业执照，并由广告审查机关撤销广告审查批准文件、一年内不受理其广告审查申请。

医疗机构有前款规定违法行为，情节严重的，除由工商行政管理部门依照本法处罚外，卫生行政部门可以吊销诊疗科目或者吊销医疗机构执业许可证。

广告经营者、广告发布者明知或者应知广告虚假仍设计、制作、代理、发布的，由工商行政管理部门没收广告费用，并处广告费用三倍以上五倍以下的罚款，广告费用无法计算或者明显偏低的，处二十万元以上一百万元以下的罚款；两年内有三次以上违法行为或者有其他严重情节的，处广告费用五倍以上十倍以下的罚款，广告费用无法计算或者明显偏低的，处一百万元以上二百万元以下的罚款，并可以由有关部门暂停广告发布业务、吊销营业执照、吊销广告发布登记证件。

广告主、广告经营者、广告发布者有本条第一款、第三款规定行为，构成犯罪的，依法追究刑事责任。

第五十六条　违反本法规定，发布虚假广告，欺骗、误导消费者，使购买商品或者接受服务的消费者的合法权益受到损害的，由广告主依法承担民事责任。广告经营者、广告发布者不能提供广告主的真实名称、地址和有效联系方式的，消费者可以要求广告经营者、广告发布者先行赔偿。

关系消费者生命健康的商品或者服务的虚假广告，造成消费者损害的，其广告经营者、广告发布者、广告代言人应当与广告主承担连带责任。

前款规定以外的商品或者服务的虚假广告，造成消费者损害的，其广告经营者、广告发布者、广告代言人，明知或者应知广告虚假仍设计、制作、代理、发布或者作推荐、证明的，应当与广告主承担连带责任。

第五十七条　有下列行为之一的，由工商行政管理部门责令停止发布广告，对广告主处二十万元以上一百万元以下的罚款，情节严重的，并可以吊销营业执照，由广告审查机关撤销广告审查批准文件、一年内不受理其广告审查申请；对广告经营者、广告发布者，由工商行政管理部门没收广告费用，处二十万元以上一百万元以下的罚款，情节严重的，并可以吊销营业执照、吊销广告发布登记证件：

（一）发布有本法第九条、第十条规定的禁止情形的广告的；

（二）违反本法第十五条规定发布处方药广告、药品类易制毒化学品广告、戒毒治疗的医疗器械和治疗方法广告的；

（三）违反本法第二十条规定，发布声称全部或者部分替代母乳的婴儿乳制品、饮料和其他食品广告的；

（四）违反本法第二十二条规定发布烟草广告的；

（五）违反本法第三十七条规定，利用广告推销禁止生产、销售的产品或者提供的服务，或者禁止发布广告的商品或者服务的；

（六）违反本法第四十条第一款规定，在针对未成年人的大众传播媒介上发布医疗、药品、保健食品、医疗器械、化妆品、酒类、美容广告，以及不利于未成年人身心健康的网络游戏广告的。

第五十八条　有下列行为之一的，由工商行政管理部门责令停止发布广告，责令广告主在相应范围内消除影响，处广告费用一倍以上三倍以下的罚款，广告费用无法计算或者明显偏低的，处十万元以上二十万元以下的罚款；情节严重的，处广告费用三倍以上五倍以下的罚款，广告费用无法计算或者明显偏低的，处二十万元以上一百万元以下的罚款，可以吊销营业执照，并由广告审查机关撤销广告审查批准文件、一年内不受理其广告审查申请：

（一）违反本法第十六条规定发布医疗、药品、医疗器械广告的；

（二）违反本法第十七条规定，在广告中涉及疾病治疗功能，以及使用医疗用语或者易使推销的商品与药品、医疗器械相混淆的用语的；

（三）违反本法第十八条规定发布保健食品广告的；

（四）违反本法第二十一条规定发布农药、兽药、饲料和饲料添加剂广告的；

（五）违反本法第二十三条规定发布酒类广告的；

（六）违反本法第二十四条规定发布教育、培训广告的；

（七）违反本法第二十五条规定发布招商等有投资回报预期的商品或者服务广告的；

（八）违反本法第二十六条规定发布房地产广告的；

（九）违反本法第二十七条规定发布农作物种子、林木种子、草种子、种畜禽、水产苗种和种养殖广告的；

（十）违反本法第三十八条第二款规定，利用不满十周岁的未成年人作为广告代言人的；

（十一）违反本法第三十八条第三款规定，利用自然人、法人或者其他组织作为广告代言人的；

（十二）违反本法第三十九条规定，在中小学校、幼儿园内或者利用与中小学生、幼儿有关的物品发布广告的；

（十三）违反本法第四十条第二款规定，发布针对不满十四周岁的未成年人的商品或者服务的广告的；

（十四）违反本法第四十六条规定，未经审查发布广告的。

医疗机构有前款规定违法行为，情节严重的，除由工商行政管理部门依照本法处罚外，卫生行政部门可以吊销诊疗科目或者吊销医疗机构执业许可证。

广告经营者、广告发布者明知或者应知有本条第一款规定违法行为仍设计、制作、代理、发布的，由工商行政管理部门没收广告费用，并处广告费用一倍以上三倍以下的罚款，广告费用无法计算或者明显偏低的，处十万元以上二十万元以下的罚款；情节严重的，处广告费用三倍以上五倍以下的罚款，广告费用无法计算或者明显偏低的，处二十万元以上一百万元以下的罚款，并可以由有关部门暂停广告发布业务、吊销营业执照、吊销广告发布登记证件。

第五十九条 有下列行为之一的，由工商行政管理部门责令停止发布广告，对广告主处十万元以下的罚款：

（一）广告内容违反本法第八条规定的；

（二）广告引证内容违反本法第十一条规定的；

（三）涉及专利的广告违反本法第十二条规定的；

（四）违反本法第十三条规定，广告贬低其他生产经营者的商品或者服务的。

广告经营者、广告发布者明知或者应知有前款规定违法行为仍设计、制作、代理、发布的，由工商行政管理部门处十万元以下的罚款。

广告违反本法第十四条规定，不具有可识别性的，或者违反本法第十九条规定，变相发布医疗、药品、医疗器械、保健食品广告的，由工商行政管理部门责令改正，对广告发布者处十万元以下的罚款。

第六十条 违反本法第二十九条规定，广播电台、电视台、报刊出版单位未办理广告发布登记，擅自从事广告发布业务的，由工商行政管理部门责令改正，没收违法所得，违法所得一万元以上的，并处违法所得一倍以上三倍以下的罚款；违法所得不足一万元的，并处五千元以上三万元以下的罚款。

第六十一条 违反本法第三十四条规定，广告经营者、广告发布者未按照国家有关规定建立、健全广告业务管理制度的，或者未对广告内容进行核对的，由工商行政管理部门责令改正，可以处五万元以下的罚款。

违反本法第三十五条规定，广告经营者、广告发布者未公布其收费标准和收费办法的，由价格主管部门责令改正，可以处五万元以下的罚款。

第六十二条 广告代言人有下列情形之一的，由工商行政管理部门没收违法所得，并处违法所得一倍以上二倍以下的罚款：

（一）违反本法第十六条第一款第四项规定，在医疗、药品、医疗器械广告中作推荐、证明的；

（二）违反本法第十八条第一款第五项规定，在保健食品广告中作推荐、证明的；

（三）违反本法第三十八条第一款规定，为其未使用过的商品或者未接受过的服务作推荐、证明的；

（四）明知或者应知广告虚假仍在广告中对商品、服务作推荐、证明的。

第六十三条 违反本法第四十三条规定发送广告的，由有关部门责令停止违法行为，对广告主处五千元以上三万元以下的罚款。

违反本法第四十四条第二款规定，利用互联网发布广告，未显著标明关闭标志，确保一键关闭的，由工商行政管理部门责令改正，对广告主处五千元以上三万元以下的罚款。

第六十四条 违反本法第四十五条规定，公共场所的管理者和电信业务经营者、互联网信息服务提供者，明知或者应知广告活动违法不予制止的，由工商行政管理部门没收违法所得，违法所得五万元以上的，并处违法所得一倍以上三倍以下的罚款，违法所得不足五万元的，并处一万元以上五万元以下的罚款；情节严重的，由有关部门依法停止相关业务。

第六十五条 违反本法规定，隐瞒真实情况或者提供虚假材料申请广告审查的，广告审查机关不予受理或者不予批准，予以警告，一年内不受理该申请人的广告审查申请；以欺骗、贿赂等不正当手段取得广告审查批准的，广告审查机关予以撤销，处十万元以上二十万元以下的罚款，三年内不受理该申请人的广告审查申请。

第六十六条 违反本法规定，伪造、变造或者转让广告审查批准文件的，由工商行政管理部门没收违法所得，并处一万元以上十万元以下的罚款。

第六十七条 有本法规定的违法行为的，由工商行政管理部门记入信用档案，并依照有关法律、行政法规规定予以公示。

第六十八条 广播电台、电视台、报刊音像出版单位发布违法广告，或者以新闻报道形式变相发布广告，或者以介绍健康、养生知识等形式变相发布医疗、药品、医疗器械、保健食品广告，工商行政管理部门依照本法给予处罚的，应当通报新闻出版广电部门以及其他有关部门。新闻出版广电部门以及其他有关部门应当依法对负有责任的主管人员和直接责任人员给予处分；情节严重的，并可以暂停媒体的广告发布业务。

新闻出版广电部门以及其他有关部门未依照前款规定对广播电台、电视台、报刊音像出版单位进行处理的，对负有责任的主管人员和直接责任人员，依法给予处分。

第六十九条 广告主、广告经营者、广告发布者违反本法规定，有下列侵权行为之一的，依法承担民事责任：

（一）在广告中损害未成年人或者残疾人的身心健康的；

（二）假冒他人专利的；

（三）贬低其他生产经营者的商品、服务的；

（四）在广告中未经同意使用他人名义或者形象的；

（五）其他侵犯他人合法民事权益的。

第七十条 因发布虚假广告，或者有其他本法规定的违法行为，被吊销营业执照的公司、企业的法定代表人，对违法行为负有个人责任的，自该公司、企业被吊销营业执照之日起三年内不得担任公司、企业的董事、监事、高级管理人员。

第七十一条 违反本法规定，拒绝、阻挠工商行政管理部门监督检查，或者有其他构成违反治安管理行为的，依法给予治安管理处罚；构成犯罪的，依法追究刑事责任。

第七十二条 广告审查机关对违法的广告内容作出审查批准决定的，对负有责任的主管人员和直接责任人员，由任免机关或者监察机关依法给予处分；构成犯罪的，依法追究刑事责任。

第七十三条 工商行政管理部门对在履行广告监测职责中发现的违法广告行为或者对经投诉、举报的违法广告行为，不依法予以查处的，对负有责任的主管人员和直接责任人员，依法给予处分。

工商行政管理部门和负责广告管理相关工作的有关部门的工作人员玩忽职守、滥用职权、徇私舞弊的，依法给予处分。

有前两款行为，构成犯罪的，依法追究刑事责任。

第六章　附则

第七十四条 国家鼓励、支持开展公益广告宣传活动，传播社会主义核心价值观，倡导文明风尚。

大众传播媒介有义务发布公益广告。广播电台、电视台、报刊出版单位应当按照规定的版面、时段、时长发布公益广告。公益广告的管理办法，由国务院工商行政管理部门会同有关部门制定。

第七十五条 本法自 2015 年 9 月 1 日起施行。

2.《中华人民共和国广告法实施细则》

中华人民共和国广告法实施细则

根据 1998 年 12 月 3 日国家工商行政管理局令第 86 号修订

根据 2000 年 12 月 1 日国家工商行政管理局令第 99 号第二次修订

第一条　根据《广告管理条例》（以下简称《条例》）第二十一条的规定，制定本细则。

第二条　《条例》第二条规定的管理范围包括：

（一）利用报纸、期刊、图书、名录等刊登广告。

（二）利用广播、电视、电影、录像、幻灯等播映广告。

（三）利用街道、广场、机场、车站、码头等的建筑物或空间设置路牌、霓虹灯、电子显示牌、橱窗、灯箱、墙壁等广告。

（四）利用影剧院、体育场（馆）、文化馆、展览馆、宾馆、饭店、游乐场、商场等场所内外设置、张贴广告。

（五）利用车、船、飞机等交通工具设置、绘制、张贴广告。

（六）通过邮局邮寄各类广告宣传品。

（七）利用馈赠实物进行广告宣传。

（八）利用其它媒介和形式刊播、设置、张贴广告。

第三条　申请经营广告业务的企业，除符合企业登记等条件外，还应具备下列条件：

（一）有负责市场调查的机构和专业人员。

（二）有熟悉广告管理法规的管理人员及广告设计、制作、编审人员。

（三）有专职的财会人员。

（四）申请承接或代理外商来华广告，应当具备经营外商来华广告的能力。

第四条　兼营广告业务的事业单位，应当具备下列条件：

（一）有直接发布广告的手段以及设计、制作广告的技术、设备。

（二）有熟悉广告管理法规的管理人员和编审人员。

（三）单独立帐，有专职或兼职的财会人员。

第五条 中外合资经营企业、中外合作经营企业申请经营广告业务，参照《条例》、本细则和有关规定办理。

第六条 申请经营广告业务的个体工商户，除应具备《城乡个体工商户管理暂行条例》规定的条件外，本人还应具有广告专业技能，熟悉广告管理法规，并经考试审查合格。

第七条 根据《条例》第六条的规定，按照下列程序办理广告经营者的审批登记：

（一）全国性的广告企业，中外合资、中外合作经营广告业务的企业，向国家工商行政管理局申请，经核准，发给《中华人民共和国营业执照》。

地方性的广告企业，向所在市、县工商行政管理局申请，报省、自治区、直辖市工商行政管理局或其授权的省辖市工商行政管理局核准，由所在市、县工商行政管理局发给《企业法人营业执照》。

（二）兼营广告业务的事业单位，向所在市、县工商行政管理局申请，报省、自治区、直辖市工商行政管理局或其授权的省辖市工商行政管理局核准，由所在市、县工商行政管理局发给《广告经营许可证》。

兼营广告业务的事业单位申请直接承揽外商来华广告，向省、自治区、直辖市工商行政管理局申请，经审查转报国家工商行政管理局核准后，由省、自治区、直辖市工商行政管理局发给《中华人民共和国广告经营许可证》。

（三）经营广告业务的个体工商户，向所在市、县工商行政管理局申请，报省、自治区、直辖市工商行政管理局或其授权的省辖市工商行政管理局核准，由所在市、县工商行政管理局发给《营业执照》。

（四）举办地方性的临时广告经营活动，举办单位向省、自治区、直辖市工商行政管理局或其授权的省辖市工商行政管理局申请，经核准，发给《临时性广告经营许可证》；举办全国性的临时广告经营活动，举办单位向所在省、自治区、直辖市工商行政管理局申请，报国家工商行政管理局批准，由举办单位所在省、自治区、直辖市工商行政管理局发给《临时性广告经营许可证》。

第八条 兼营广告业务的事业单位，经过核准，可以代理同类媒介的广告业务。

第九条 广告客户申请利用广播、电视、报刊以外的媒介为卷烟做广告，须经省、自治区、直辖市工商行政管理局或其授权的省辖市工商行政管理局批准。

广告客户申请为获得国家级、部级、省级各类奖的优质烈性酒做广告，须经省、自治区、直辖市或其授权的省辖市工商行政管理局批准。刊播 39 度以下（含 39 度）

酒类的广告，必须标明酒的度数。

第十条 根据《条例》第七条的规定，广告客户申请发布广告，应当出具相应的证明：

（一）工商企业和个体工商户分别交验《企业法人营业执照》副本和《营业执照》。

（二）机关、团体、事业单位提交本单位的证明。

（三）个人提交乡、镇人民政府、街道办事处或所在单位的证明。

（四）全国性公司、中外合资经营企业、中外合作经营企业、外商独资经营企业，应当交验国家工商行政管理局颁发的《中华人民共和国营业执照》。

（五）外国企业常驻代表机构，应当交验国家工商行政管理局颁发的《外国企业在中国常驻代表机构登记证》。

第十一条 根据《条例》第十一条第（一）项的规定，申请发布商品广告，应当交验符合国家标准、部标准（专业标准）、企业标准的质量证明。

第十二条 根据《条例》第十一条第（二）项的规定，申请发布获奖商品广告，应当交验省、自治区、直辖市以上行政主管部门颁奖的证明。

第十三条 根据《条例》第十一条第（七）项的规定，申请发布下列广告应当提交有关证明：

（一）报刊出版发行广告,应当交验省、自治区、直辖市新闻出版机关核发的登记证。

（二）图书出版发行广告，应当提交新闻出版机关批准成立出版社的证明。

（三）各类文艺演出广告，应当提交所在县以上文化主管部门准许演出的证明。

（四）大专院校招生广告，应当提交国家教育委员会或省、自治区、直辖市教育行政部门同意刊播广告的证明；中等专业院校的招生广告，应当提交地（市）教育行政部门同意刊播广告的证明；外国来中国招生的广告，应当提交国家教育委员会同意刊播广告的证明。

（五）各类文化补习班或职业技术培训班招生广告、招工招聘广告，应当提交县以上（含县）教育行政部门或劳动人事部门同意刊播广告的证明。

（六）个人行医广告，应当提交县以上（含县）卫生行政主管部门批准行医的证明和审查批准广告内容的证明。

（七）药品、类药品广告,应当提交所在省、自治区、直辖市卫生行政部门核发的《药品广告审批表》。

（八）兽药广告应当提交省、自治区、直辖市农牧渔业行政管理机关审查批准的证明。

（九）农药广告应当提交农牧渔业部或省、自治区、直辖市农牧渔业厅（局）药检或植保部门审查批准的《农药广告审批表》。

第十四条 根据《条例》第十一条第（八）项的规定，申请刊播下列内容的广告，应当提交有关证明：

（一）食品广告，应当提交所在地（市）级以上食品卫生监督机构批准的《食品广告审批表》。

（二）各类展销会、订货会、交易会等广告，应当提交主办单位主管部门批准的证明。

（三）有奖储蓄广告，应当提交上一级人民银行的证明。

（四）个人启事、声明等广告，应当提交所在单位、乡（镇）人民政府或街道办事处出具的证明。

第十五条 广告客户申请刊播、设置、张贴广告，应当提交各类证明的原件或经原出证部门签章、公证机关公证的复制件。

第十六条 广告代理收费标准为广告费的15%。

第十七条 外国企业（组织）、外籍人员承揽和发布广告，应当委托具有经营外商广告权的广告经营者办理。

第十八条 根据《条例》第十二条的规定，代理和发布广告，代理者和发布者均应负责审查广告内容，查验有关证明，并有权要求广告客户提交其它必要的证明文件。对于无合法证明、证明不全或内容不实的广告，不得代理、发布。

广告经营者必须建立广告的承接登记、复审和业务档案制度。广告业务档案保存的时间不得少于一年。

第十九条 广告客户违反《条例》第三条、第八条第（五）项规定，利用广告弄虚作假欺骗用户和消费者的，责令其在相应的范围内发布更正广告，并视其情节予以通报批评、处以违法所得额三倍以下的罚款，但最高不超过三万元，没有违法所得的，处以一万元以下的罚款；给用户和消费者造成损害的，承担赔偿责任。

广告经营者帮助广告客户弄虚作假的，视其情节予以通报批评、没收违法所得、处以违法所得额三倍以下的罚款，但最高不超过三万元，没有违法所得的，处以一万元以下的罚款；情节严重的，可责令停业整顿，吊销营业执照或者广告经营许可证；给用户和消费者造成损害的，负连带赔偿责任。

发布更正广告的费用分别由广告客户和广告经营者承担。

第二十条 违反《条例》第四条、第八条第（六）项规定的，视其情节予以通报批评、没收非法所得、处五千元以下罚款或责令停业整顿。

第二十一条 广告经营者违反《条例》第六条规定，无证照或超越经营范围经营广告业务的，取缔其非法经营活动、没收非法所得、处五千元以下罚款。

第二十二条 广告客户违反《条例》第七条规定的，视其情节予以通报批评、处五千元以下罚款。

第二十三条 违反《条例》第八条第（一）（二）（三）（四）项"规定的，对广告经营者予以通报批评、没收非法所得、处一万元以下罚款；对广告客户视其情节予以通报批评、处一万元以下罚款。

第二十四条 新闻单位违反《条例》第九条规定的，视其情节予以通报批评、没收非法所得、处一万元以下罚款。

第二十五条 广告经营者违反《条例》第十条规定的，视其情节予以通报批评、没收非法所得、处一万元以下罚款。

第二十六条 广告客户违反《条例》第十一条规定，伪造、涂改、盗用或者非法复制广告证明的，予以通报批评、处五千元以下罚款。

广告经营者违反《条例》第十一条第（二）（三）项规定的，处一千元以下罚款。

为广告客户出具非法或虚假证明的，予以通报批评、处五千元以下罚款，并负连带责任。

第二十七条 广告经营者违反《条例》第十二条规定的，视其情节予以通报批评、没收非法所得、处三千元以下罚款；由此造成虚假广告的，必须负责发布更正广告，给用户和消费者造成损害的，负连带赔偿责任。

第二十八条 违反《条例》第十三条规定，非法设置、张贴广告的，没收非法所得、处五千元以下罚款，并限期拆除。逾期不拆除的，强制拆除，其费用由设置、张贴者承担。

第二十九条 违反《条例》第十四条、第十五条规定的，视其情节予以通报批评、责令限期改正、没收非法所得、处五千元以下罚款。

第三十条 外国企业、外国企业常驻代表机构违反《条例》规定的，由所在省、自治区、直辖市工商行政管理局参照本细则的条款提出处理意见，报国家工商行政管理局批准执行。

第三十一条 本细则由国家工商行政管理局负责解释。

第三十二条 本细则自公布之日起施行。

3.《中华人民共和国商标法》(节选)

中华人民共和国商标法(节选)

(1982年8月23日第五届全国人民代表大会常务委员会第二十四次会议通过根据1993年2月22日第七届全国人民代表大会常务委员会第三十次会议《关于修改〈中华人民共和国商标法〉的决定》第一次修正根据2001年10月27日第九届全国人民代表大会常务委员会第二十四次会议《关于修改〈中华人民共和国商标法〉的决定》第二次修正根据2013年8月30日第十二届全国人民代表大会常务委员会第四次会议《关于修改〈中华人民共和国商标法〉的决定》第三次修正)

第一章　总则

第一条　为了加强商标管理，保护商标专用权，促使生产、经营者保证商品和服务质量，维护商标信誉，以保障消费者和生产、经营者的利益，促进社会主义市场经济的发展，特制定本法。

第二条　国务院工商行政管理部门商标局主管全国商标注册和管理的工作。

国务院工商行政管理部门设立商标评审委员会，负责处理商标争议事宜。

第三条　经商标局核准注册的商标为注册商标，包括商品商标、服务商标和集体商标、证明商标；商标注册人享有商标专用权，受法律保护。

本法所称集体商标，是指以团体、协会或者其他组织名义注册，供该组织成员在商事活动中使用，以表明使用者在该组织中的成员资格的标志。

本法所称证明商标，是指由对某种商品或者服务具有监督能力的组织所控制，而由该组织以外的单位或者个人使用于其商品或者服务，用以证明该商品或者服务的原产地、原料、制造方法、质量或者其他特定品质的标志。

集体商标、证明商标注册和管理的特殊事项，由国务院工商行政管理部门规定。

第四条　自然人、法人或者其他组织在生产经营活动中，对其商品或者服务需要取得商标专用权的，应当向商标局申请商标注册。

本法有关商品商标的规定，适用于服务商标。

第五条　两个以上的自然人、法人或者其他组织可以共同向商标局申请注册同一商标，共同享有和行使该商标专用权。

第六条 法律、行政法规规定必须使用注册商标的商品，必须申请商标注册，未经核准注册的，不得在市场销售。

第七条 申请注册和使用商标，应当遵循诚实信用原则。

商标使用人应当对其使用商标的商品质量负责。各级工商行政管理部门应当通过商标管理，制止欺骗消费者的行为。

第八条 任何能够将自然人、法人或者其他组织的商品与他人的商品区别开的标志，包括文字、图形、字母、数字、三维标志、颜色组合和声音等，以及上述要素的组合，均可以作为商标申请注册。

第九条 申请注册的商标，应当有显著特征，便于识别，并不得与他人在先取得的合法权利相冲突。

商标注册人有权标明“注册商标”或者注册标记。

第十条 下列标志不得作为商标使用：

（一）同中华人民共和国的国家名称、国旗、国徽、国歌、军旗、军徽、军歌、勋章等相同或者近似的，以及同中央国家机关的名称、标志、所在地特定地点的名称或者标志性建筑物的名称、图形相同的；

（二）同外国的国家名称、国旗、国徽、军旗等相同或者近似的，但经该国政府同意的除外；

（三）同政府间国际组织的名称、旗帜、徽记等相同或者近似的，但经该组织同意或者不易误导公众的除外；

（四）与表明实施控制、予以保证的官方标志、检验印记相同或者近似的，但经授权的除外；

（五）同“红十字”、“红新月”的名称、标志相同或者近似的；

（六）带有民族歧视性的；

（七）带有欺骗性，容易使公众对商品的质量等特点或者产地产生误认的；

（八）有害于社会主义道德风尚或者有其他不良影响的。

县级以上行政区划的地名或者公众知晓的外国地名，不得作为商标。但是，地名具有其他含义或者作为集体商标、证明商标组成部分的除外；已经注册的使用地名的商标继续有效。

第十一条 下列标志不得作为商标注册：

（一）仅有本商品的通用名称、图形、型号的；

（二）仅直接表示商品的质量、主要原料、功能、用途、重量、数量及其他特点的；

（三）其他缺乏显著特征的。

前款所列标志经过使用取得显著特征，并便于识别的，可以作为商标注册。

第十二条 以三维标志申请注册商标的，仅由商品自身的性质产生的形状、为获得技术效果而需有的商品形状或者使商品具有实质性价值的形状，不得注册。

第十三条 为相关公众所熟知的商标，持有人认为其权利受到侵害时，可以依照本法规定请求驰名商标保护。

就相同或者类似商品申请注册的商标是复制、摹仿或者翻译他人未在中国注册的驰名商标，容易导致混淆的，不予注册并禁止使用。

就不相同或者不相类似商品申请注册的商标是复制、摹仿或者翻译他人已经在中国注册的驰名商标，误导公众，致使该驰名商标注册人的利益可能受到损害的，不予注册并禁止使用。

第十四条 驰名商标应当根据当事人的请求，作为处理涉及商标案件需要认定的事实进行认定。认定驰名商标应当考虑下列因素：

（一）相关公众对该商标的知晓程度；

（二）该商标使用的持续时间；

（三）该商标的任何宣传工作的持续时间、程度和地理范围；

（四）该商标作为驰名商标受保护的记录；

（五）该商标驰名的其他因素。

在商标注册审查、工商行政管理部门查处商标违法案件过程中，当事人依照本法第十三条规定主张权利的，商标局根据审查、处理案件的需要，可以对商标驰名情况作出认定。

在商标争议处理过程中，当事人依照本法第十三条规定主张权利的，商标评审委员会根据处理案件的需要，可以对商标驰名情况作出认定。

在商标民事、行政案件审理过程中，当事人依照本法第十三条规定主张权利的，最高人民法院指定的人民法院根据审理案件的需要，可以对商标驰名情况作出认定。

生产、经营者不得将“驰名商标”字样用于商品、商品包装或者容器上，或者用于广告宣传、展览以及其他商业活动中。

第十五条 未经授权，代理人或者代表人以自己的名义将被代理人或者被代表人的商标进行注册，被代理人或者被代表人提出异议的，不予注册并禁止使用。

就同一种商品或者类似商品申请注册的商标与他人在先使用的未注册商标相同

或者近似，申请人与该他人具有前款规定以外的合同、业务往来关系或者其他关系而明知该他人商标存在，该他人提出异议的，不予注册。

第十六条 商标中有商品的地理标志，而该商品并非来源于该标志所标示的地区，误导公众的，不予注册并禁止使用；但是，已经善意取得注册的继续有效。

前款所称地理标志，是指标示某商品来源于某地区，该商品的特定质量、信誉或者其他特征，主要由该地区的自然因素或者人文因素所决定的标志。

第十七条 外国人或者外国企业在中国申请商标注册的，应当按其所属国和中华人民共和国签订的协议或者共同参加的国际条约办理，或者按对等原则办理。

第十八条 申请商标注册或者办理其他商标事宜，可以自行办理，也可以委托依法设立的商标代理机构办理。

外国人或者外国企业在中国申请商标注册和办理其他商标事宜的，应当委托依法设立的商标代理机构办理。

第十九条 商标代理机构应当遵循诚实信用原则，遵守法律、行政法规，按照被代理人的委托办理商标注册申请或者其他商标事宜；对在代理过程中知悉的被代理人的商业秘密，负有保密义务。

委托人申请注册的商标可能存在本法规定不得注册情形的，商标代理机构应当明确告知委托人。

商标代理机构知道或者应当知道委托人申请注册的商标属于本法第十五条和第三十二条规定情形的，不得接受其委托。

商标代理机构除对其代理服务申请商标注册外，不得申请注册其他商标。

第二十条 商标代理行业组织应当按照章程规定，严格执行吸纳会员的条件，对违反行业自律规范的会员实行惩戒。商标代理行业组织对其吸纳的会员和对会员的惩戒情况，应当及时向社会公布。

第二十一条 商标国际注册遵循中华人民共和国缔结或者参加的有关国际条约确立的制度，具体办法由国务院规定。

第三章 商标注册的审查和核准

第三十条 申请注册的商标，凡不符合本法有关规定或者同他人在同一种商品或者类似商品上已经注册的或者初步审定的商标相同或者近似的，由商标局驳回申请，不予公告。

第三十一条 两个或者两个以上的商标注册申请人，在同一种商品或者类似商品上，以相同或者近似的商标申请注册的，初步审定并公告申请在先的商标；同一天申请的，初步审定并公告使用在先的商标，驳回其他人的申请，不予公告。

第三十二条 申请商标注册不得损害他人现有的在先权利，也不得以不正当手段抢先注册他人已经使用并有一定影响的商标。

第四章 注册商标的续展、变更、转让和使用许可

第三十九条 注册商标的有效期为十年，自核准注册之日起计算。

第四十条注册商标有效期满，需要继续使用的，商标注册人应当在期满前十二个月内按照规定办理续展手续；在此期间未能办理的，可以给予六个月的宽展期。每次续展注册的有效期为十年，自该商标上一届有效期满次日起计算。期满未办理续展手续的，注销其注册商标。

商标局应当对续展注册的商标予以公告。

第四十一条 注册商标需要变更注册人的名义、地址或者其他注册事项的，应当提出变更申请。

第四十二条 转让注册商标的，转让人和受让人应当签订转让协议，并共同向商标局提出申请。受让人应当保证使用该注册商标的商品质量。

转让注册商标的，商标注册人对其在同一种商品上注册的近似的商标，或者在类似商品上注册的相同或者近似的商标，应当一并转让。

对容易导致混淆或者有其他不良影响的转让，商标局不予核准，书面通知申请人并说明理由。

转让注册商标经核准后，予以公告。受让人自公告之日起享有商标专用权。

第四十三条 商标注册人可以通过签订商标使用许可合同，许可他人使用其注册商标。许可人应当监督被许可人使用其注册商标的商品质量。被许可人应当保证使用该注册商标的商品质量。

经许可使用他人注册商标的，必须在使用该注册商标的商品上标明被许可人的名称和商品产地。

许可他人使用其注册商标的，许可人应当将其商标使用许可报商标局备案，由商标局公告。商标使用许可未经备案不得对抗善意第三人。

第六章　商标使用的管理

第四十八条　本法所称商标的使用，是指将商标用于商品、商品包装或者容器以及商品交易文书上，或者将商标用于广告宣传、展览以及其他商业活动中，用于识别商品来源的行为。

第四十九条　商标注册人在使用注册商标的过程中，自行改变注册商标、注册人名义、地址或者其他注册事项的，由地方工商行政管理部门责令限期改正；期满不改正的，由商标局撤销其注册商标。

注册商标成为其核定使用的商品的通用名称或者没有正当理由连续三年不使用的，任何单位或者个人可以向商标局申请撤销该注册商标。商标局应当自收到申请之日起九个月内做出决定。有特殊情况需要延长的，经国务院工商行政管理部门批准，可以延长三个月。

第五十条　注册商标被撤销、被宣告无效或者期满不再续展的，自撤销、宣告无效或者注销之日起一年内，商标局对与该商标相同或者近似的商标注册申请，不予核准。

第五十一条　违反本法第六条规定的，由地方工商行政管理部门责令限期申请注册，违法经营额五万元以上的，可以处违法经营额百分之二十以下的罚款，没有违法经营额或者违法经营额不足五万元的，可以处一万元以下的罚款。

第五十二条　将未注册商标冒充注册商标使用的，或者使用未注册商标违反本法第十条规定的，由地方工商行政管理部门予以制止，限期改正，并可以予以通报，违法经营额五万元以上的，可以处违法经营额百分之二十以下的罚款，没有违法经营额或者违法经营额不足五万元的，可以处一万元以下的罚款。

第五十三条　违反本法第十四条第五款规定的，由地方工商行政管理部门责令改正，处十万元罚款。

第五十四条　对商标局撤销或者不予撤销注册商标的决定，当事人不服的，可以自收到通知之日起十五日内向商标评审委员会申请复审。商标评审委员会应当自收到申请之日起九个月内做出决定，并书面通知当事人。有特殊情况需要延长的，经国务院工商行政管理部门批准，可以延长三个月。当事人对商标评审委员会的决定不服的，可以自收到通知之日起三十日内向人民法院起诉。

第五十五条　法定期限届满，当事人对商标局做出的撤销注册商标的决定不申请复审或者对商标评审委员会做出的复审决定不向人民法院起诉的，撤销注册商标的决定、复审决定生效。

被撤销的注册商标，由商标局予以公告，该注册商标专用权自公告之日起终止。

第七章　注册商标专用权的保护

第五十六条　注册商标的专用权，以核准注册的商标和核定使用的商品为限。

第五十七条　有下列行为之一的，均属侵犯注册商标专用权：

（一）未经商标注册人的许可，在同一种商品上使用与其注册商标相同的商标的；

（二）未经商标注册人的许可，在同一种商品上使用与其注册商标近似的商标，或者在类似商品上使用与其注册商标相同或者近似的商标，容易导致混淆的；

（三）销售侵犯注册商标专用权的商品的；

（四）伪造、擅自制造他人注册商标标识或者销售伪造、擅自制造的注册商标标识的；

（五）未经商标注册人同意，更换其注册商标并将该更换商标的商品又投入市场的；

（六）故意为侵犯他人商标专用权行为提供便利条件，帮助他人实施侵犯商标专用权行为的；

（七）给他人的注册商标专用权造成其他损害的。

第五十八条　将他人注册商标、未注册的驰名商标作为企业名称中的字号使用，误导公众，构成不正当竞争行为的，依照《中华人民共和国反不正当竞争法》处理。

第五十九条　注册商标中含有的本商品的通用名称、图形、型号，或者直接表示商品的质量、主要原料、功能、用途、重量、数量及其他特点，或者含有的地名，注册商标专用权人无权禁止他人正当使用。

三维标志注册商标中含有的商品自身的性质产生的形状、为获得技术效果而需有的商品形状或者使商品具有实质性价值的形状，注册商标专用权人无权禁止他人正当使用。

商标注册人申请商标注册前，他人已经在同一种商品或者类似商品上先于商标注册人使用与注册商标相同或者近似并有一定影响的商标的，注册商标专用权人无权禁止该使用人在原使用范围内继续使用该商标，但可以要求其附加适当区别标识。

第六十条　有本法第五十七条所列侵犯注册商标专用权行为之一，引起纠纷的，由当事人协商解决；不愿协商或者协商不成的，商标注册人或者利害关系人可以向人民法院起诉，也可以请求工商行政管理部门处理。

工商行政管理部门处理时，认定侵权行为成立的，责令立即停止侵权行为，没收、销毁侵权商品和主要用于制造侵权商品、伪造注册商标标识的工具，违法经营额五万元以上的，可以处违法经营额五倍以下的罚款，没有违法经营额或者违法经营额不足五万元的，可以处二十五万元以下的罚款。对五年内实施两次以上商标侵权行为或者有其他严重情节的，应当从重处罚。销售不知道是侵犯注册商标专用权的商品，能证明该商品是自己合法取得并说明提供者的，由工商行政管理部门责令停止销售。

对侵犯商标专用权的赔偿数额的争议，当事人可以请求进行处理的工商行政管理部门调解，也可以依照《中华人民共和国民事诉讼法》向人民法院起诉。经工商行政管理部门调解，当事人未达成协议或者调解书生效后不履行的，当事人可以依照《中华人民共和国民事诉讼法》向人民法院起诉。

第六十一条　对侵犯注册商标专用权的行为，工商行政管理部门有权依法查处；涉嫌犯罪的，应当及时移送司法机关依法处理。

参考文献

[1] 黄伯荣，廖序东 . 现代汉语 [M]. 北京：高等教育出版社，2003.

[2] 于根元 . 广告语言规范 [M]. 北京语文出版社，1995.

[3] 林乐腾 . 广告语言 [M]. 济南：山东教育出版社，1992.

[4] 曹志耘 . 广告语言艺术 [M]. 长沙：湖南师范大学出版社，1992.

[5] 何新祥 . 广告语言修辞艺术 [M]. 长沙中南大学出版社，2001.

[6] 聂仁忠 . 广告语言艺术 [M]. 东营：石油大学出版社，1989.

[7] 屈哨兵 . 广告语言方略 [M]. 北京：科学普及出版社，1997.

[8] 郝媛媛 . 广告语言中超常搭配现象的语用预设分析 [J]. 语言应用研究，2006（9）.

[9] 徐江涛 . 武汉市中心城区户外广告用语调查报告 [J]. 科技创业，2014（9）：54–56.

[10] 李林津，刘燕，蒋文镌，等 . 吉首市区户外广告语言的文化特征 [J]. 商业文化，2012（6）：312–313.

[11] 陶莉丽 . 芜湖户外广告语言研究 [D]. 芜湖：安徽师范大学大学，2011.

[12] 封佳 . 南京市户外公益广告语调查研究 [D]. 沈阳：沈阳师范大学，2015.

[13] 冀德玉 . 探析当代户外广告的公共艺术语言 [J]. 美术教育研究，2013（16）：46–47.

[14] 宋丽苹 . 试论户外公益广告的语言风格 [J]. 新乡学院学报（社会科学版），2012（3）：119–120.

[15] 魏莹 . 户外广告的媒介语言创新研究 [J]. 包装工程，2011（2）：1–4.

[16] 田小弘 . 新媒体户外广告的创意探索 [D]. 长春：吉林大学，2011.

[17] 许双子 . 户外广告的审美研究 [D]. 长沙：中南大学，2010.

[18] 吴庆凤 . 户外平面广告的“立体化”视觉语言研究 [D]. 成都：西南交通大学，2011.